Dibuja
Usando La Forma De Tus Manos
Vol. 2

Aportación de Ideas, Escrito e Ilustrado por:

Yuridia Ramirez Olvera

Bienvenido a la segunda edición de **"Dibuja**

Usando La Forma De Tus Manos". Aquí encontrarás más dibujos hechos con la mano como molde. Al igual que la edición anterior, este libro contiene dibujos con las instrucciones para que aprendas a ser un buen dibujante. Al recorrer estas páginas, te enseñaré a dibujar un payaso, un pez, una bruja, y muchas cosas más. Así que adelante, te invito a que continúes aprendiendo divirtiéndote.

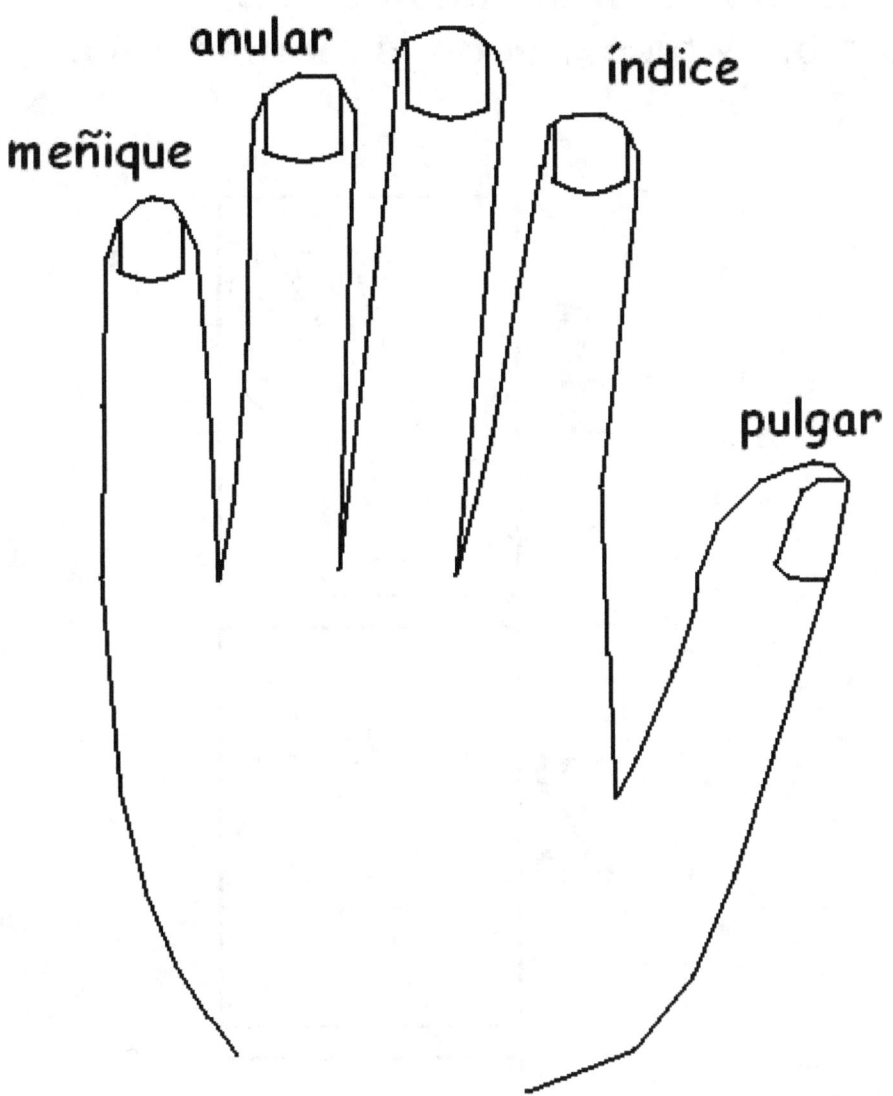

dedo medio

anular

índice

meñique

pulgar

<u>Primer dibujo: Paloma</u>

Abres tu mano, pero no mucho, la pones sobre la hoja y la trazas en posición diagonal. Al pulgar le dibujas ojo y pico. Luego le dibujas cola.

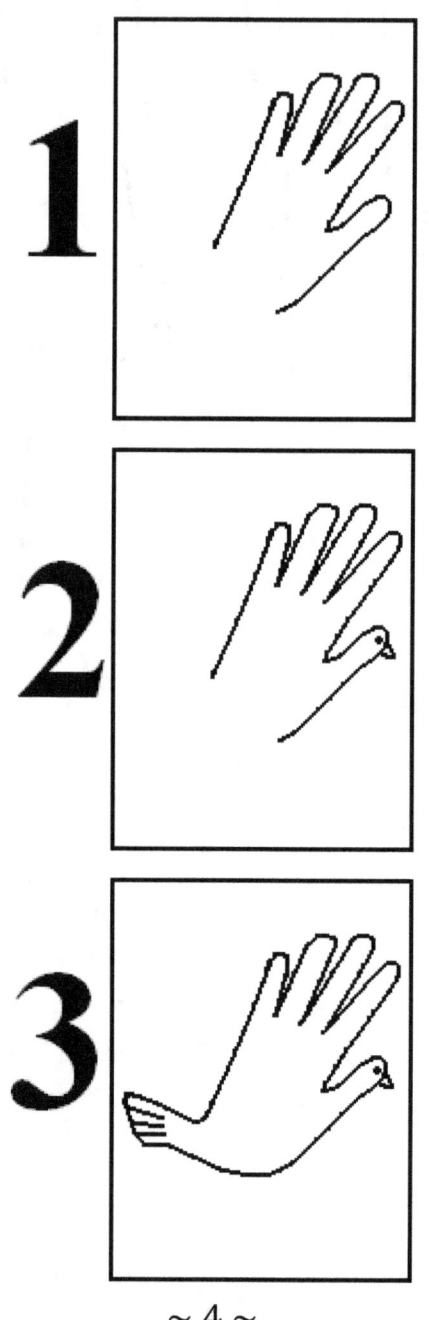

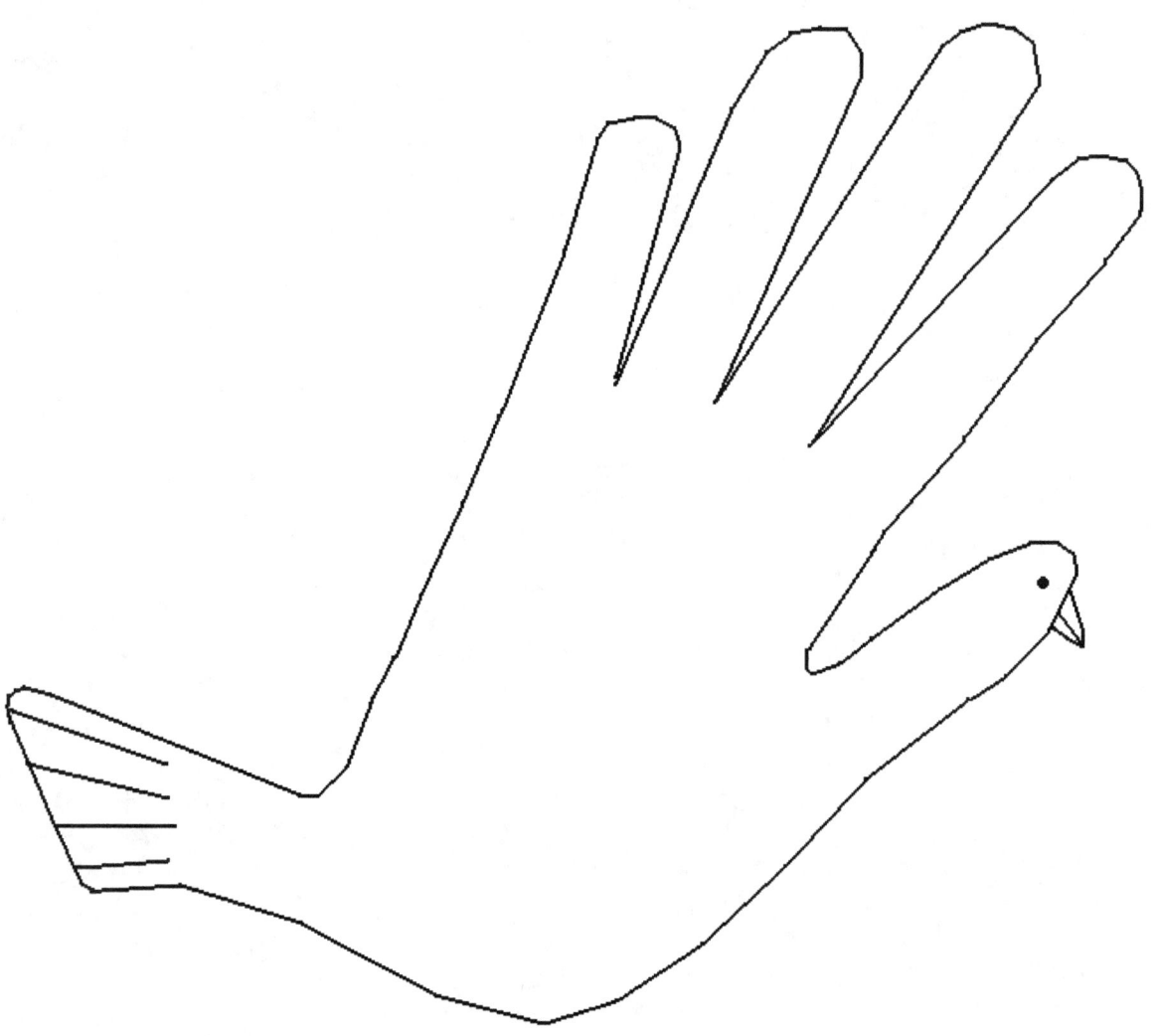

Pelos Parados

Traza tu mano en la hoja, pero sin dibujar el dedo pulgar y quitas la mano de la hoja. Luego cierras en forma de óvalo la mano y le pones ojos y boca.

1

2

3

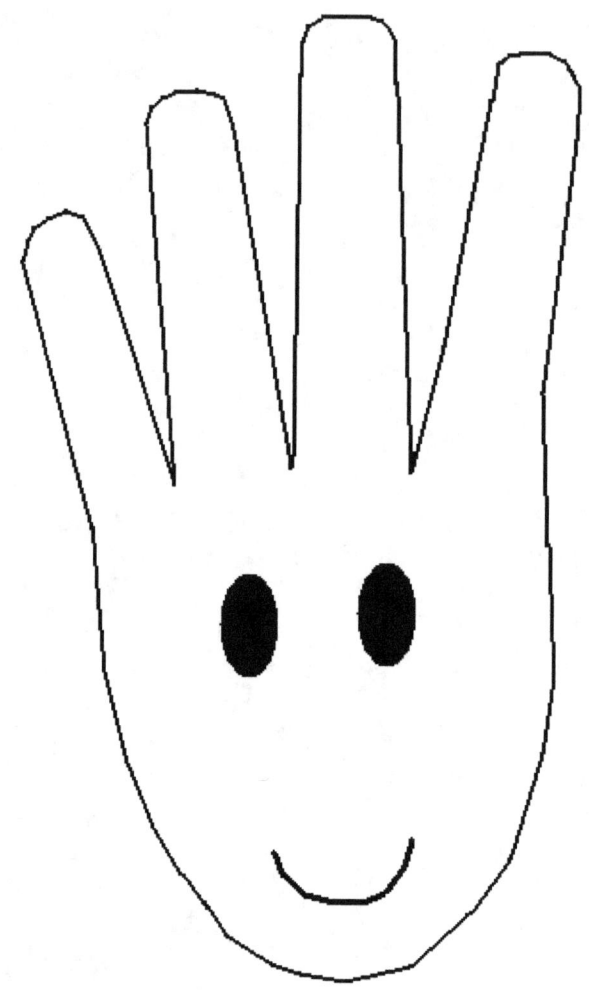

Pato

Pones tu mano en la posición que parece que apuntas a algo con el pulgar y la trazas sobre la hoja. Ahora volteas la hoja de manera que el pulgar quede apuntando hacia arriba. El pulgar es la cabeza del pato, dibújale el ojo y el pico. Cierras el dibujo de mano y le dibujas las patas.

1

2

3

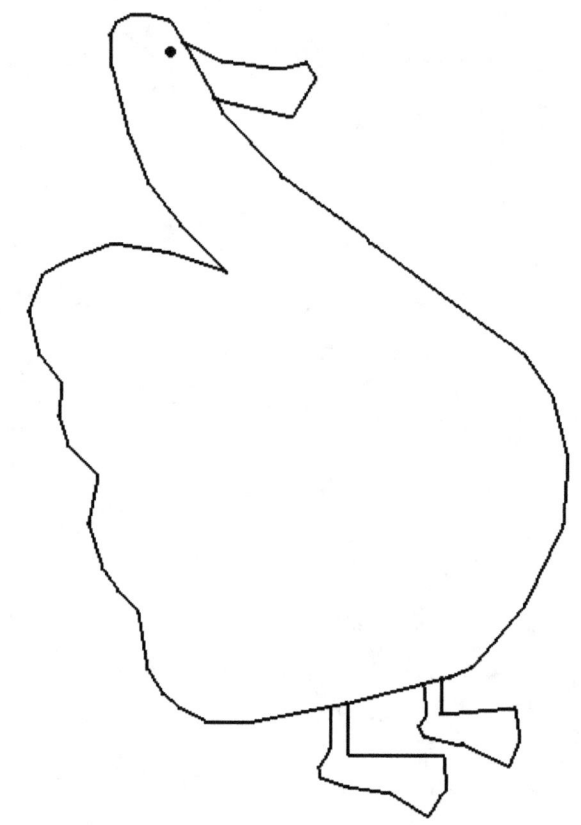

Venado

Pon tu mano en el centro de la hoja más o menos abierta y trázala. Voltea tu hoja al revés (con los dedos hacia abajo), cierra el dibujo de mano con una línea derecha. Al dedo pulgar dibújale primero orejas, luego los cuernos, y después un ojo. Haz una línea desde el dedo medio hasta el dedo meñique, para que sea la panza del venado, del otro lado del dedo medio haces una pequeña línea diagonal, para que sea el pecho. Para finalizar, dibuja la cola.

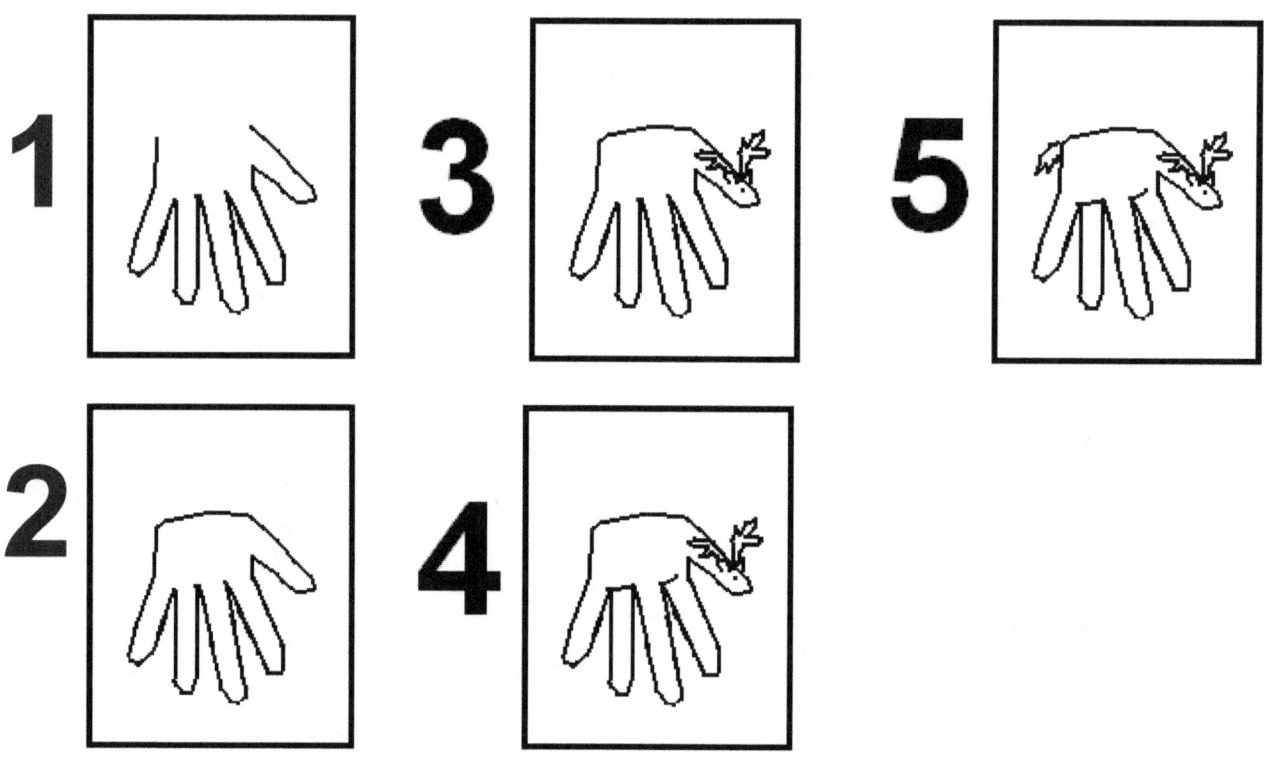

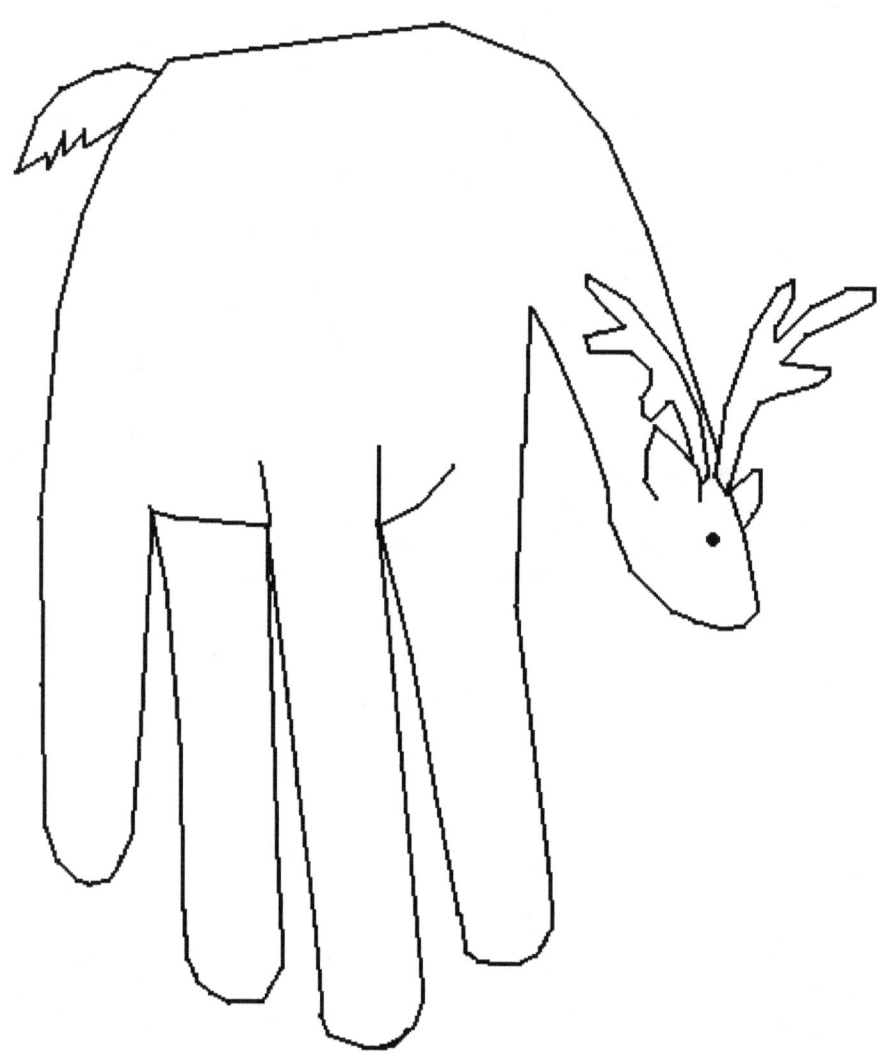

Elote

El pulgar debe formar una línea recta con tu brazo, los demás dedos acomódalos de forma que el pulgar y los demás dedos formen una letra "V", trazas tu mano en esta posición en la parte inferior de tu hoja. Esas van a ser las hojas del elote. Ahora dibuja lo que es la mazorca del elote, empieza grueso y se va volviendo delgado hasta llegar a la punta. Luego le dibujas cuadritos, para que sean los granos del elote.

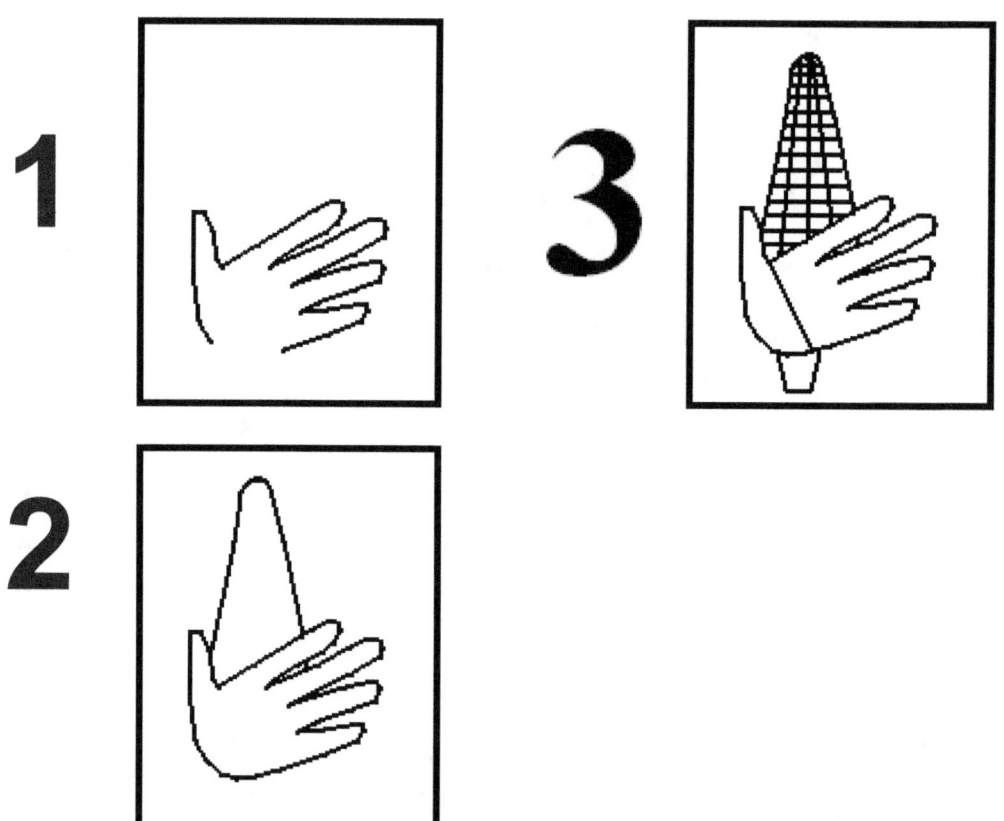

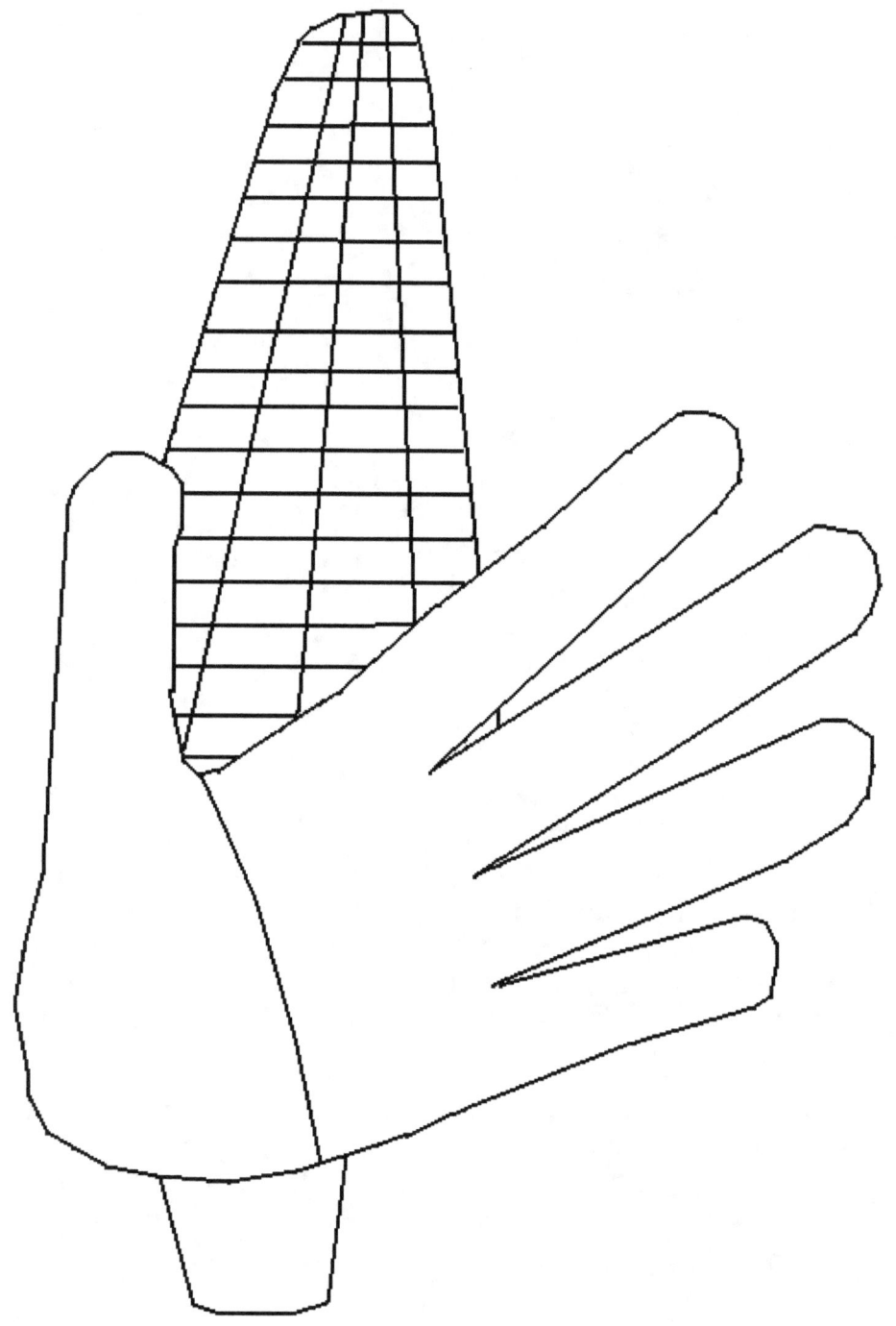

Dinosaurio

Dibuja tu mano con el dedo pulgar lo más alejado posible de los demás dedos, que el dedo pulgar quede cerca de la esquina de la hoja, después de trazar volteas la hoja al revés. Desde el dedo pulgar, dibujas una línea un poco curveada, hasta casi llegar a la otra esquina de la hoja. Esa línea la unirás a la parte superior del meñique, para que sea la cola del dinosaurio. Después, le dibujas la línea desde el meñique hasta el dedo medio (la panza) y la otra línea diagonal al otro lado del dedo medio (el pecho). Luego le dibujas ojo y boca.

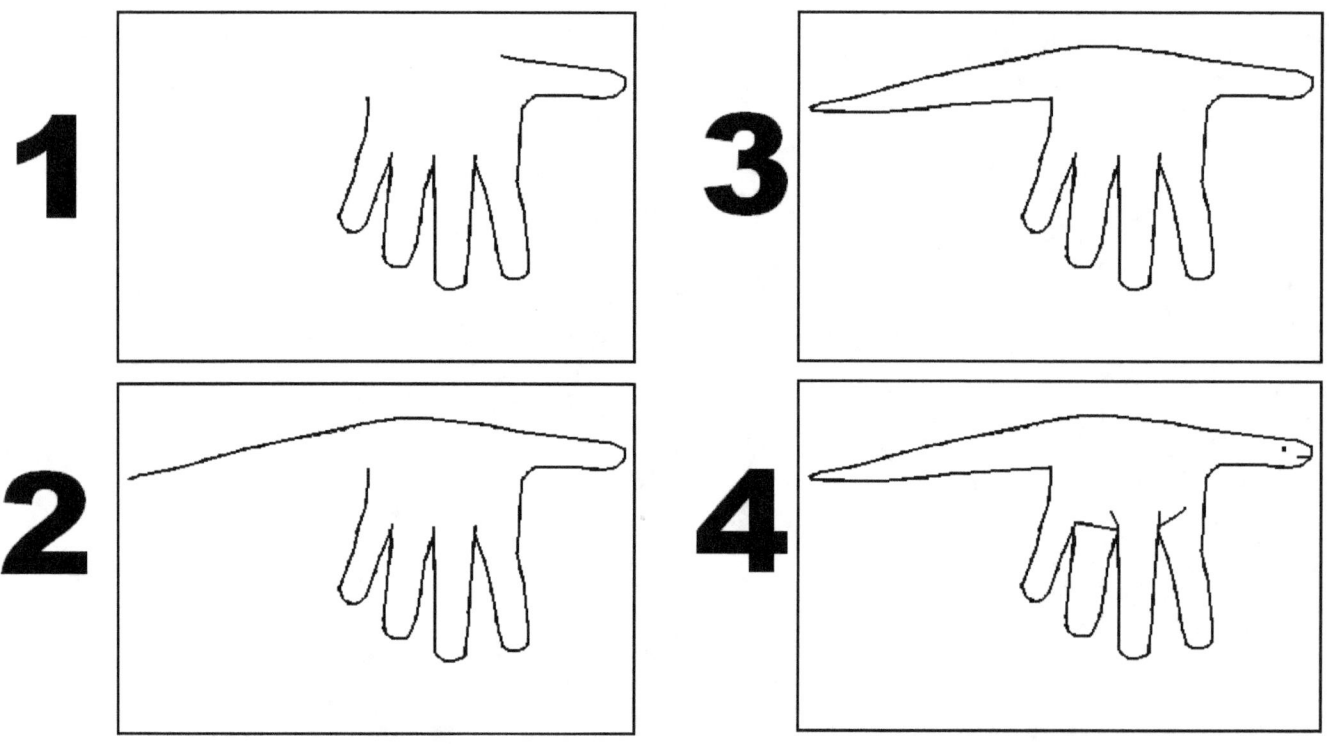

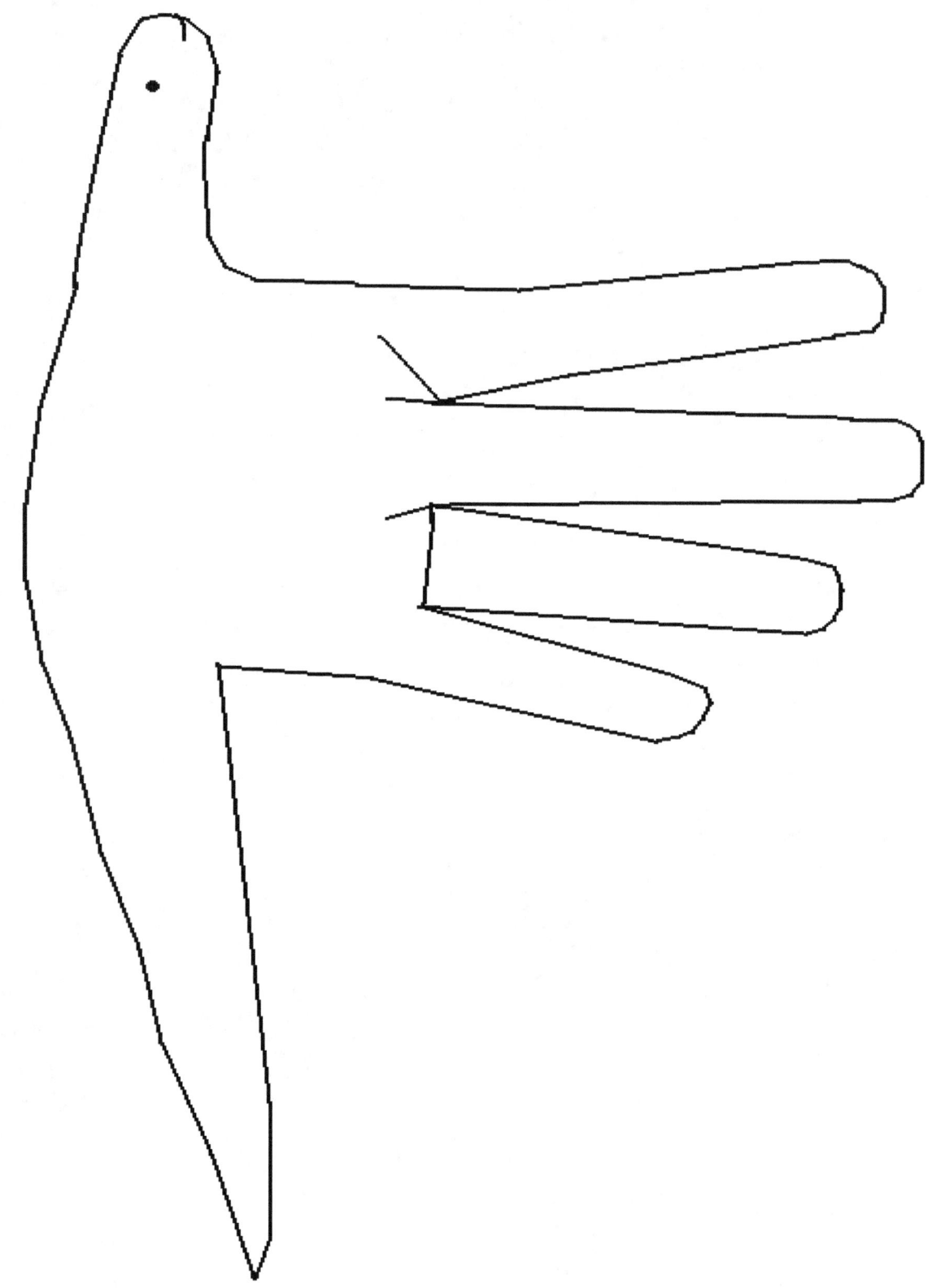

Pez De Aguas Tropicales

Pones el dedo índice, el medio y anular más o menos juntos, pero que el dedo meñique quede lo mas separado posible de los demás, que el pulgar también quede separado, pero no tanto como el meñique, en esta posición trazas tu mano en el centro de la hoja. Quitas tu mano de la hoja, y cierras el dibujo de mano con un triangulo que no termine en pico (esta será la cabeza del pez). Dibújale ojo, boca y el poro de la nariz. Finalmente le dibujas una raya curveada desde el meñique hasta el pulgar de ambos lados de los dedos, luego harás otras dos, como lo indican las ilustraciones.

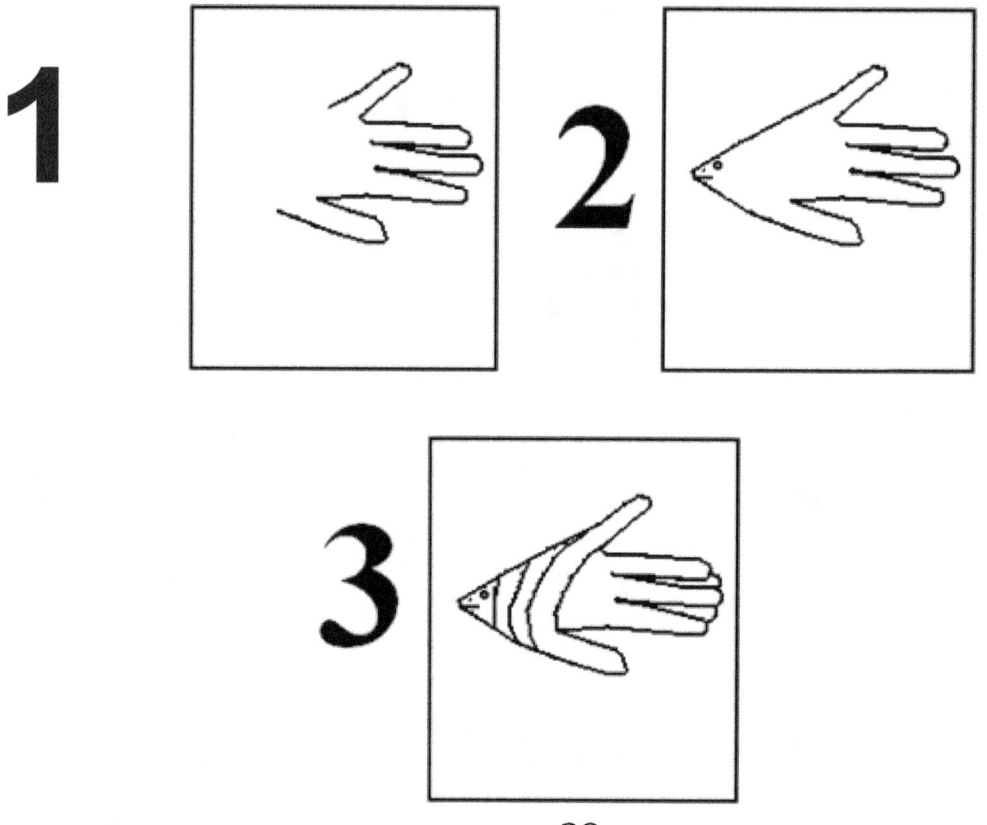

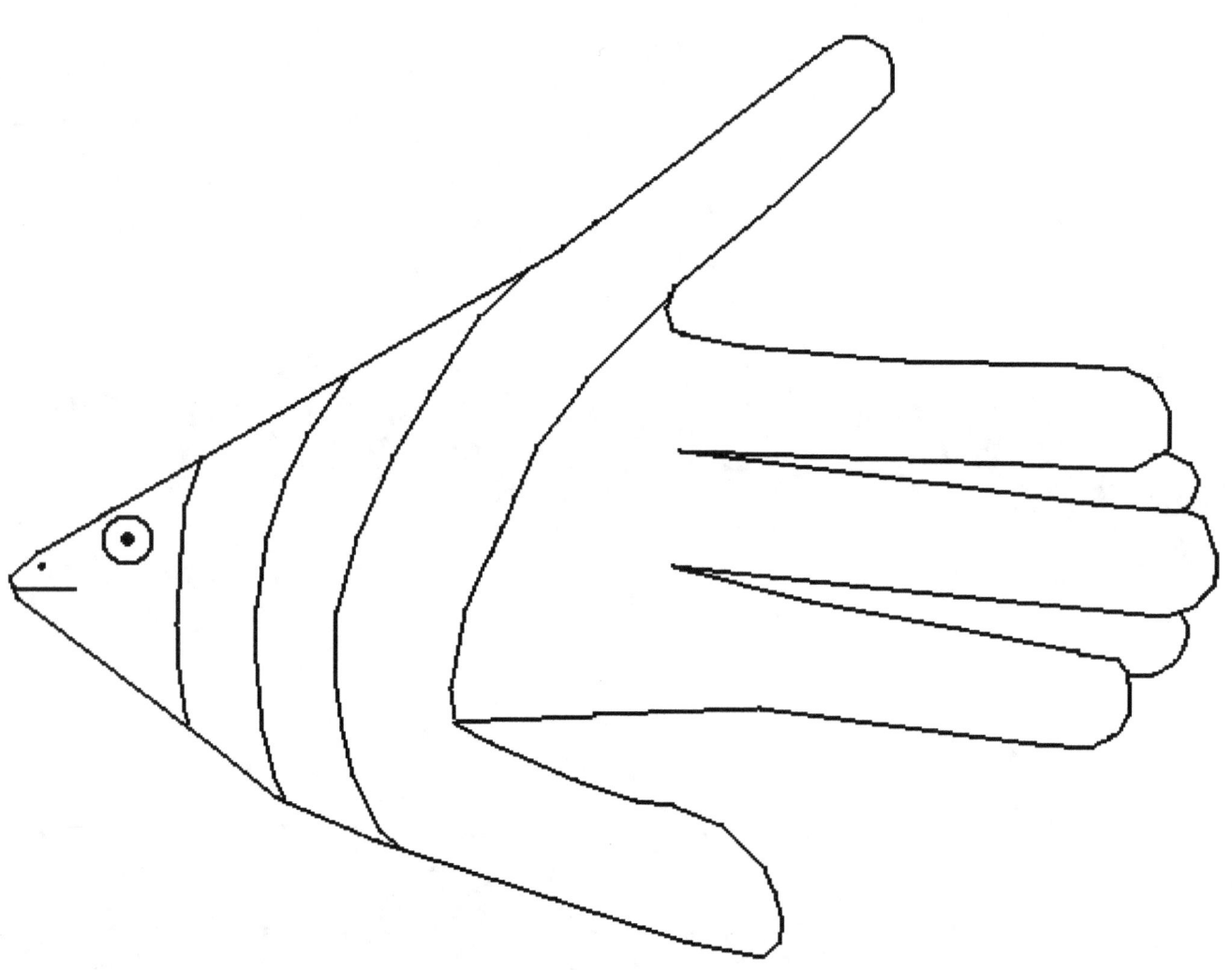

Concha

Abres la mano, de forma que exista aproximadamente la misma distancia entre los dedos, que el pulgar no quede muy alejado, trazas tu mano en el centro de la hoja. Unes los dedos con unas líneas como arco. Dibujas la parte de debajo de la concha como lo indican las ilustraciones. En la base que le pusiste a la concha, pones un puntito en el centro, ese punto te va a servir como origen de partida para unas líneas que vas a hacer, que serán cuatro, que van a ir justo entre los dedos.

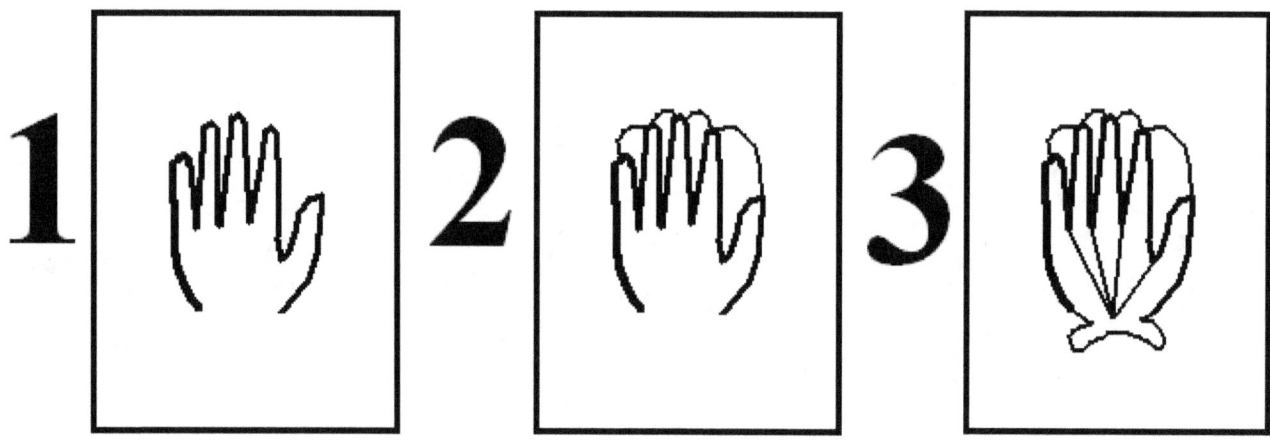

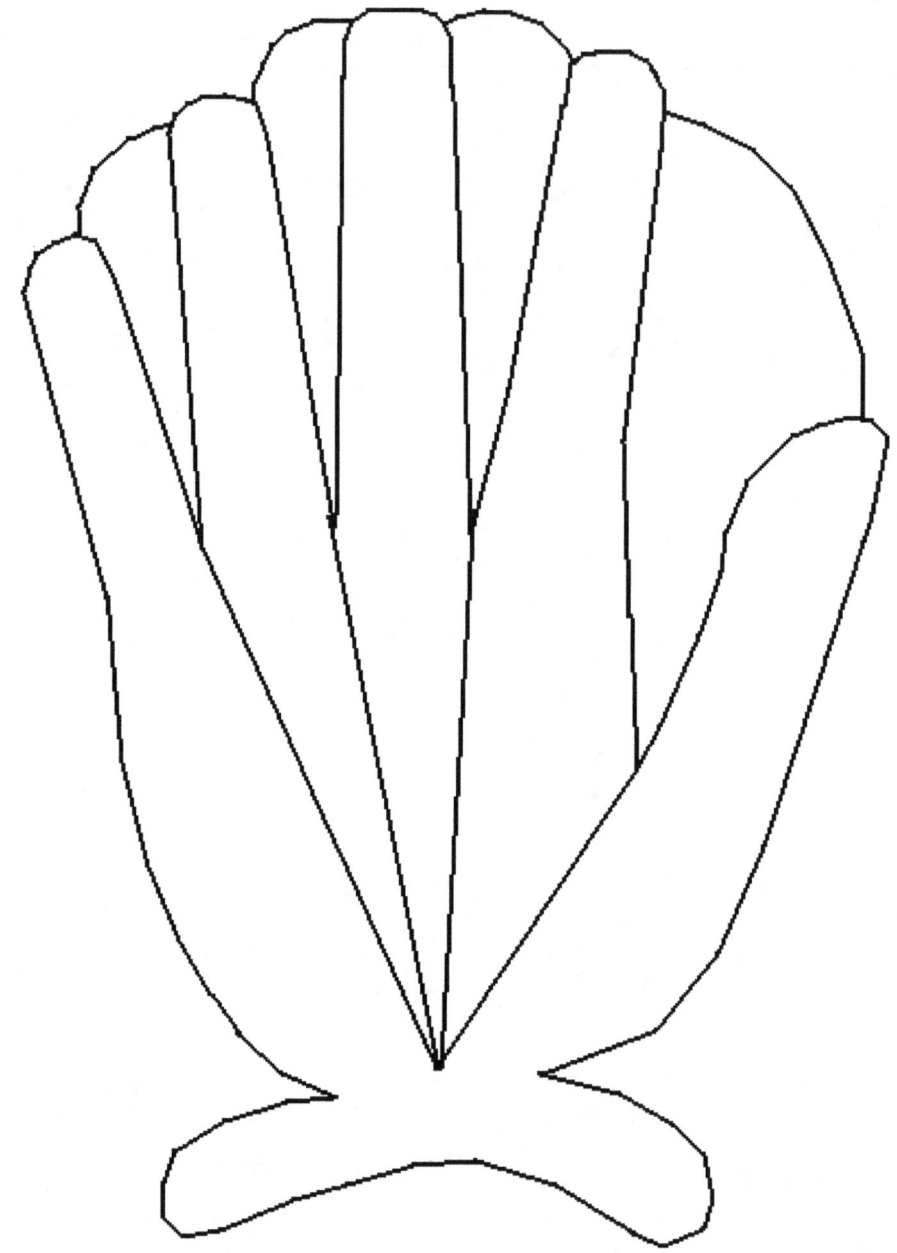

Caballo

Pones todos tus dedos juntos menos el pulgar y en esa posición trazas tu mano. Volteas la hoja de manera que el pulgar quede hacia arriba. Dibujas un ojo, una nariz, la parte de adentro de la oreja (que va a ser el pulgar y la quijada del caballo será tu meñique. Ahora dibuja el pelo del caballo.

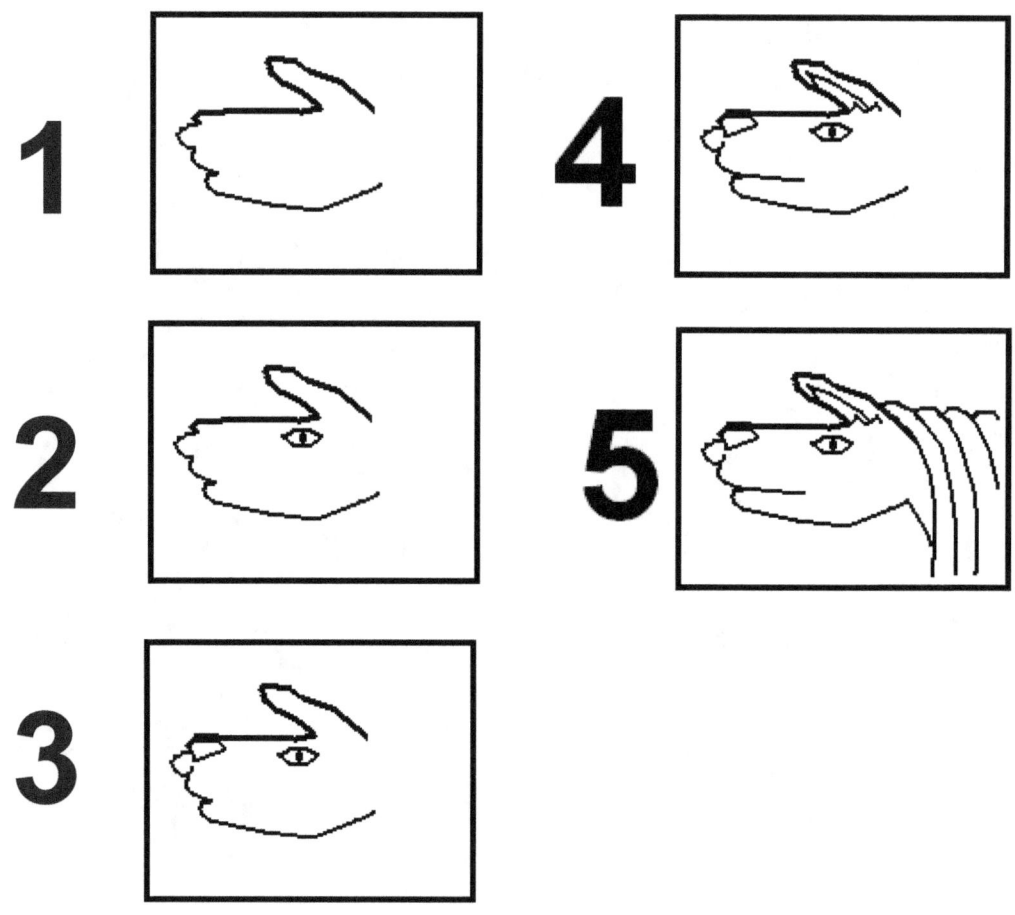

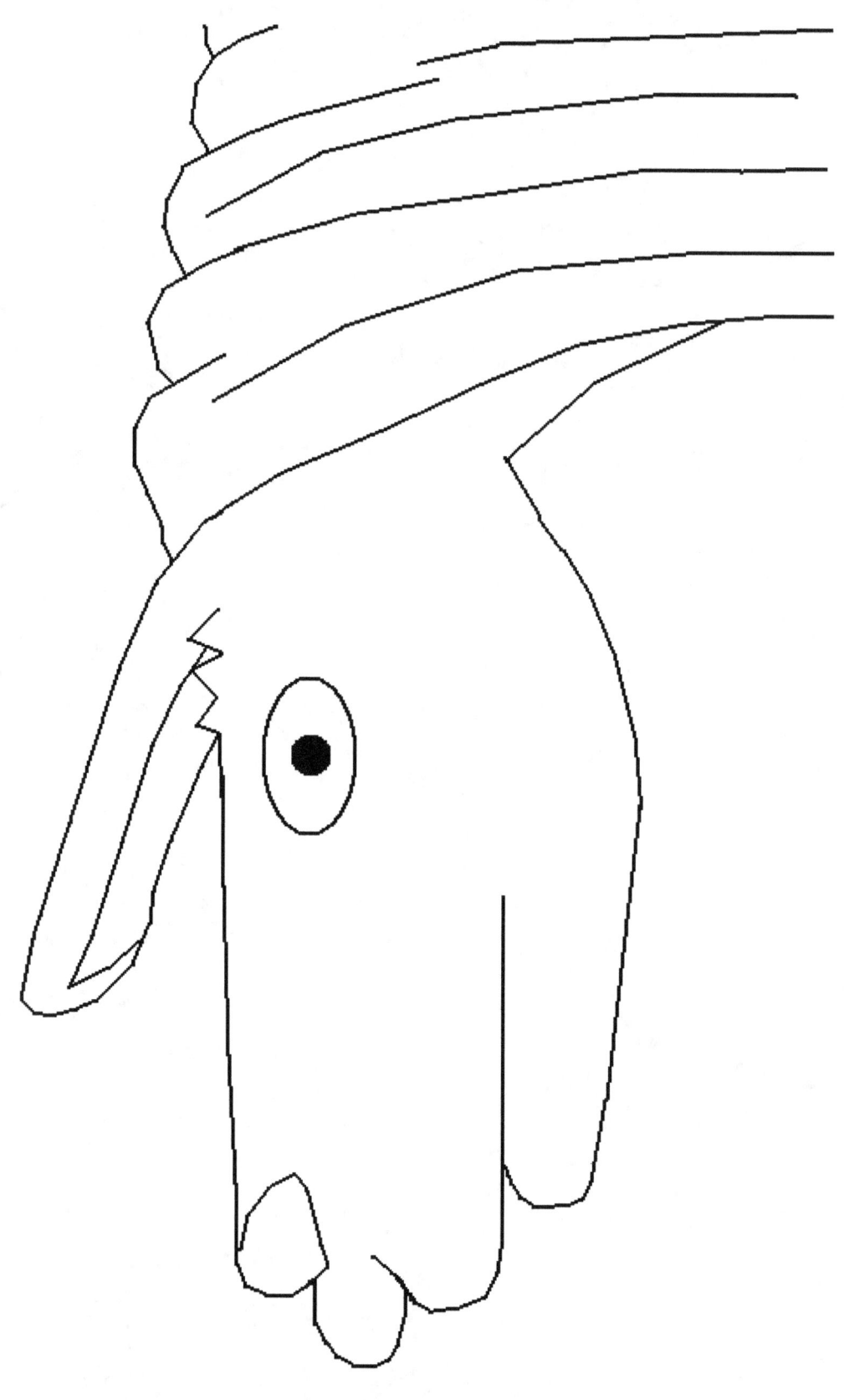

Árbol De Otoño

Abre grande la mano y trázala en una hoja de papel, dibújale muchas rayas a la mano, que empiecen en los dedos y hacia abajo. Después, dibuja hojas alrededor de los dedos, finalmente dibuja el zacate donde está plantado el árbol y unas hojas tiradas en el zacate.

1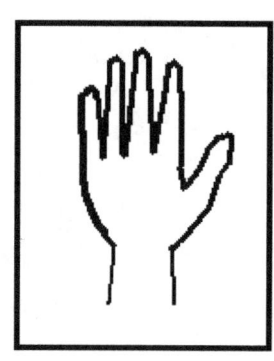

4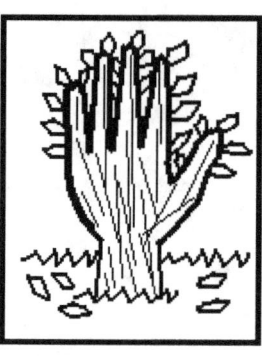

2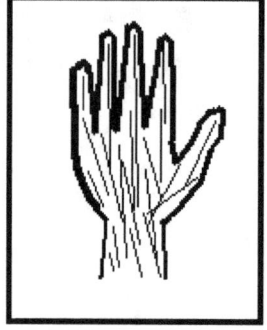

3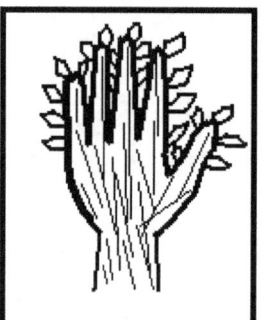

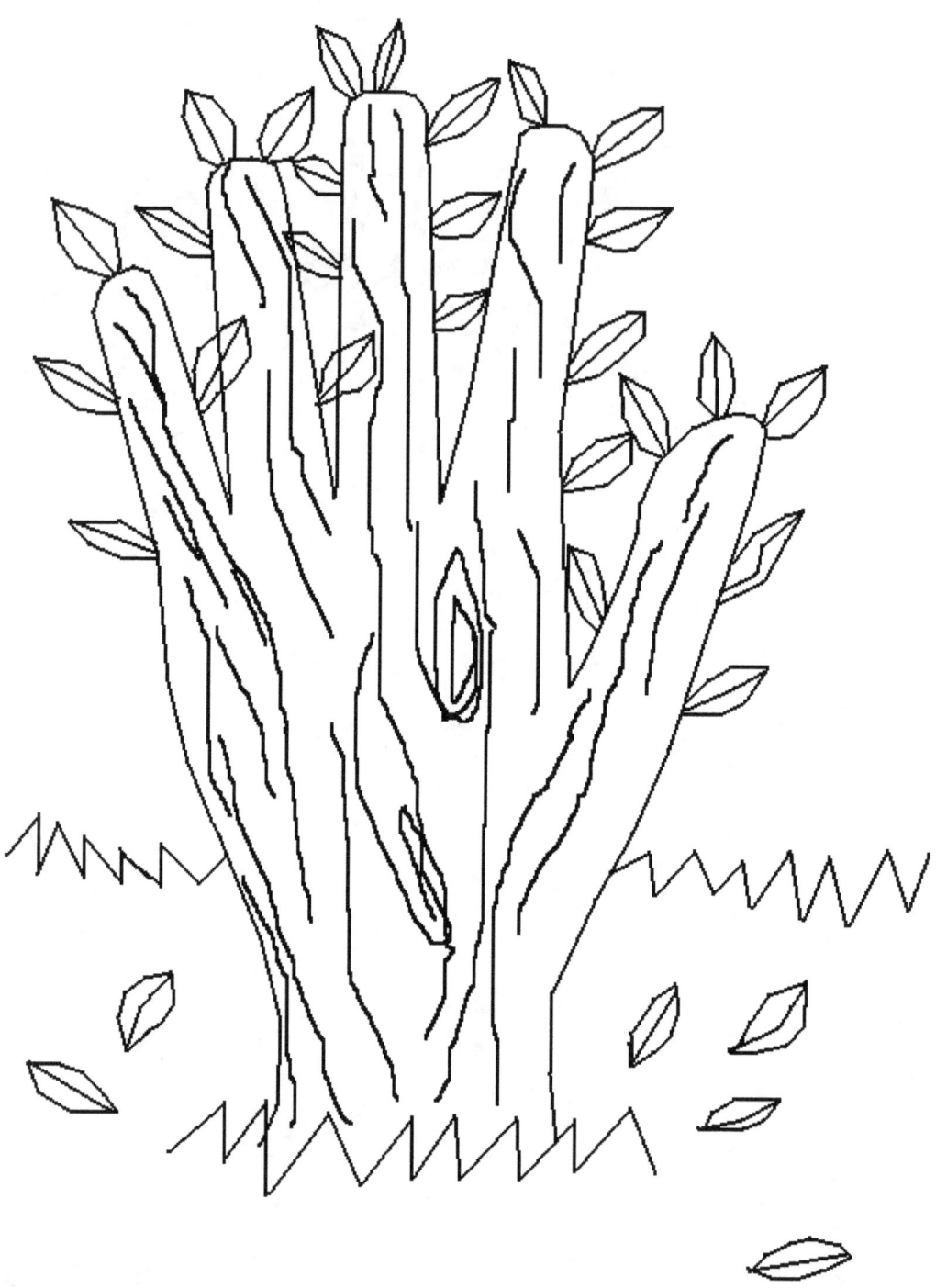

Murciélago

Pones tu mano en la hoja de tal forma que el pulgar
quede cerca de la esquina de abajo de la hoja, y el
dedo medio quede cerca de la esquina de arriba,
en esta posición trazas tu mano. Luego la vuelves
a trazar de la misma forma, pero esta vez con la
palma hacia arriba, de manera que parezca que tus
dos manos están en la hoja. Dibujas la cabeza del
murciélago y las orejas, después el cuerpo.
Finalmente, los ojos, la nariz, el hocico con
colmillos y la parte de adentro de las orejas.

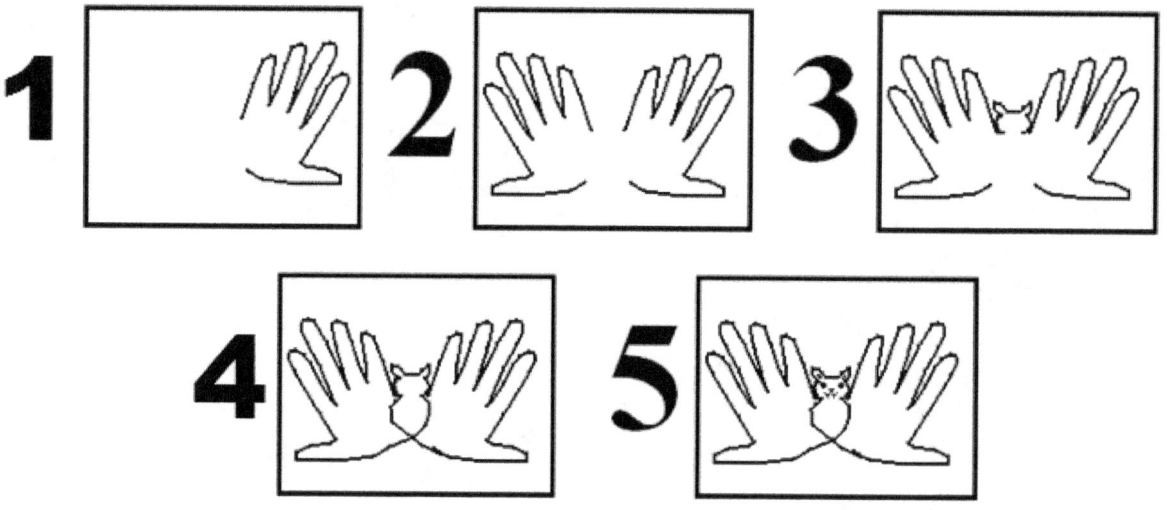

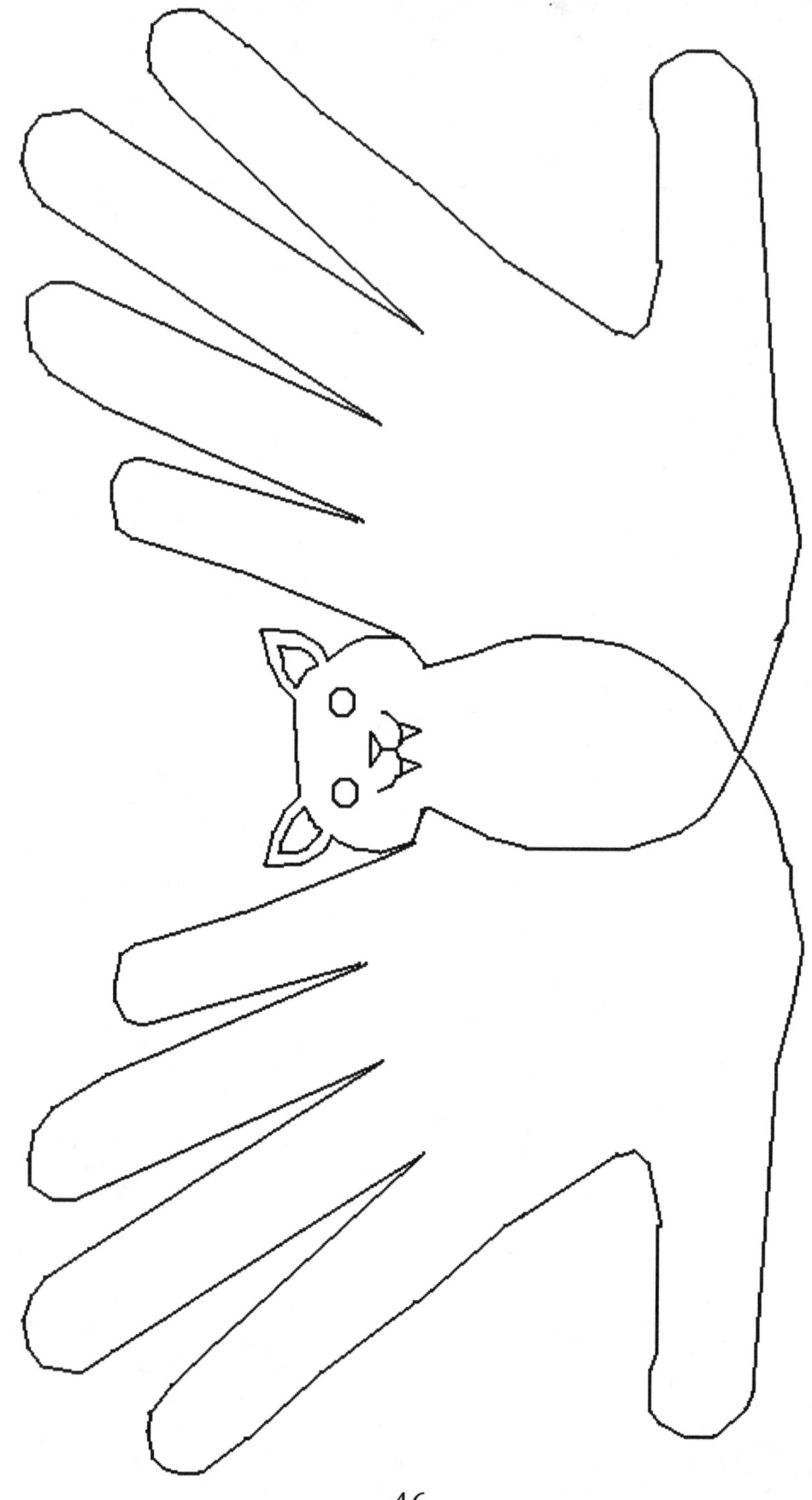

Extraterrestre

Haces un puño con tu mano, la colocas en la hoja con los dedos hacia abajo y la trazas en el centro de la hoja. Donde quedo la forma de los nudillos dibujas tres ojos, luego le dibujas antenas y boca.

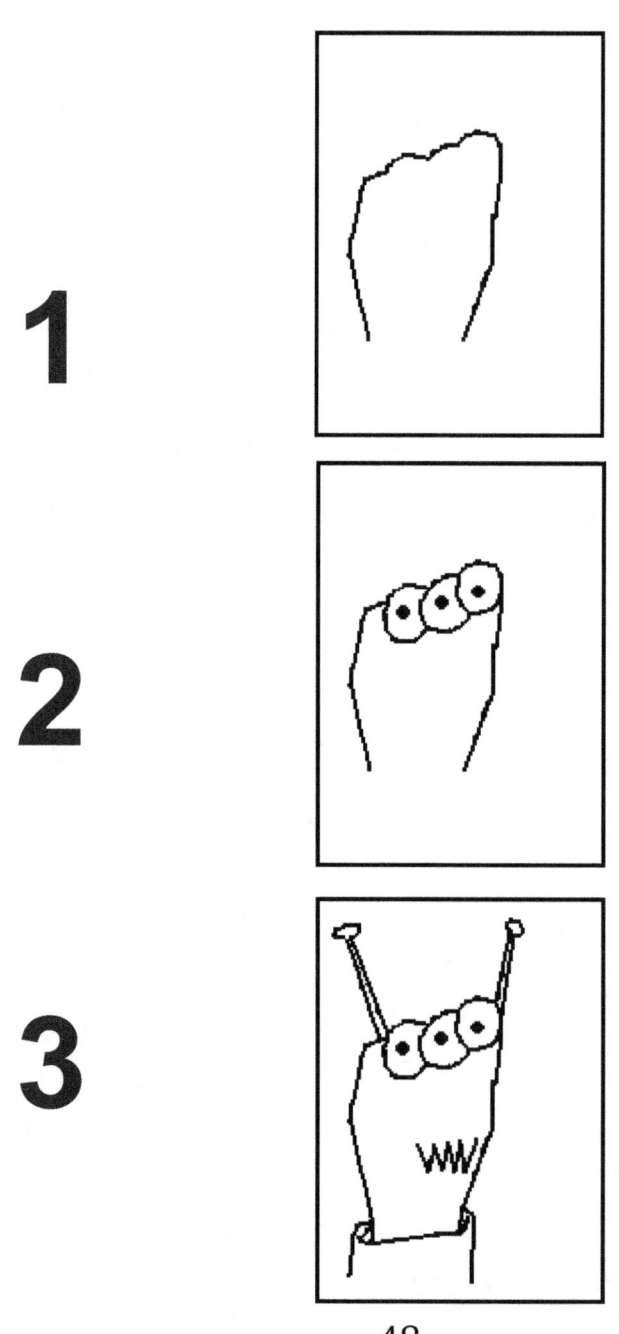

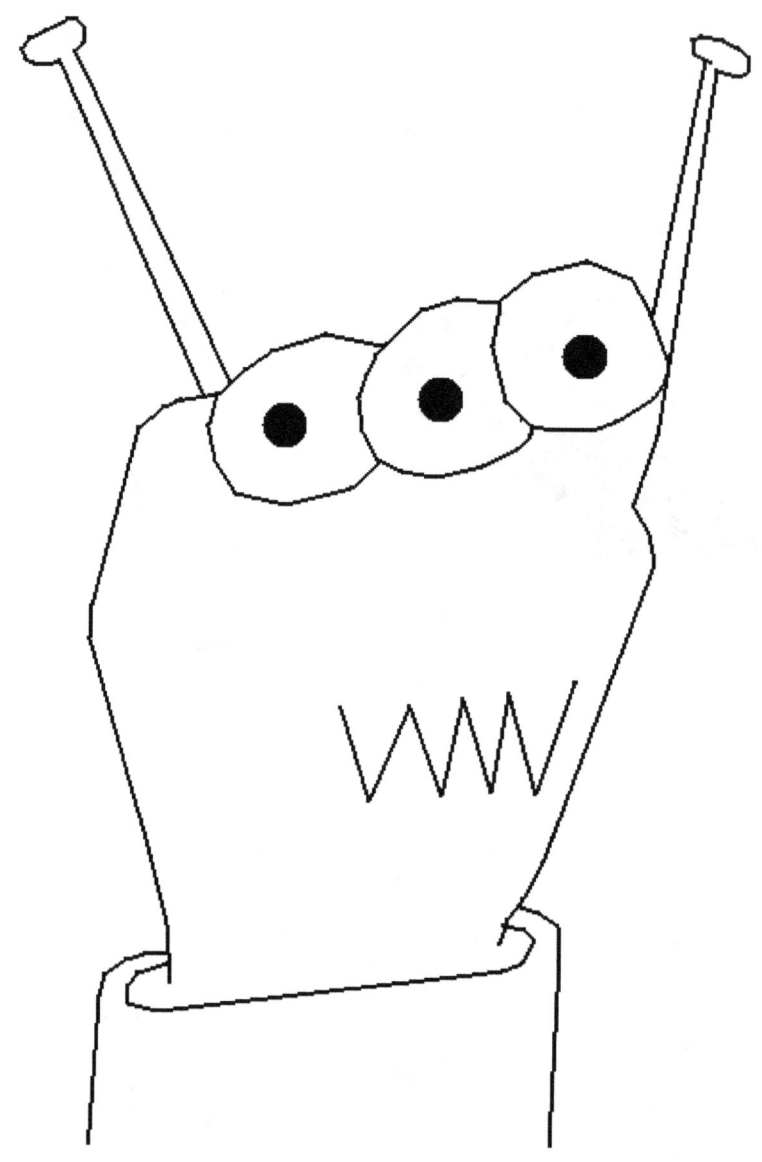

Una Rosa

Haces un puño con tu mano, la colocas en la hoja con los dedos hacia abajo, y la trazas en la parte superior de la hoja. Dibujas la base, el tallo y una hoja (o dos, o tres, como tu quieras). Después para formar los pétalos de la rosa, dibujas como un remolino que conecte el nudillo del dedo medio con el nudillo del dedo anular y dos líneas rectas que se junten en la base de la rosa, como lo indica el ejemplo.

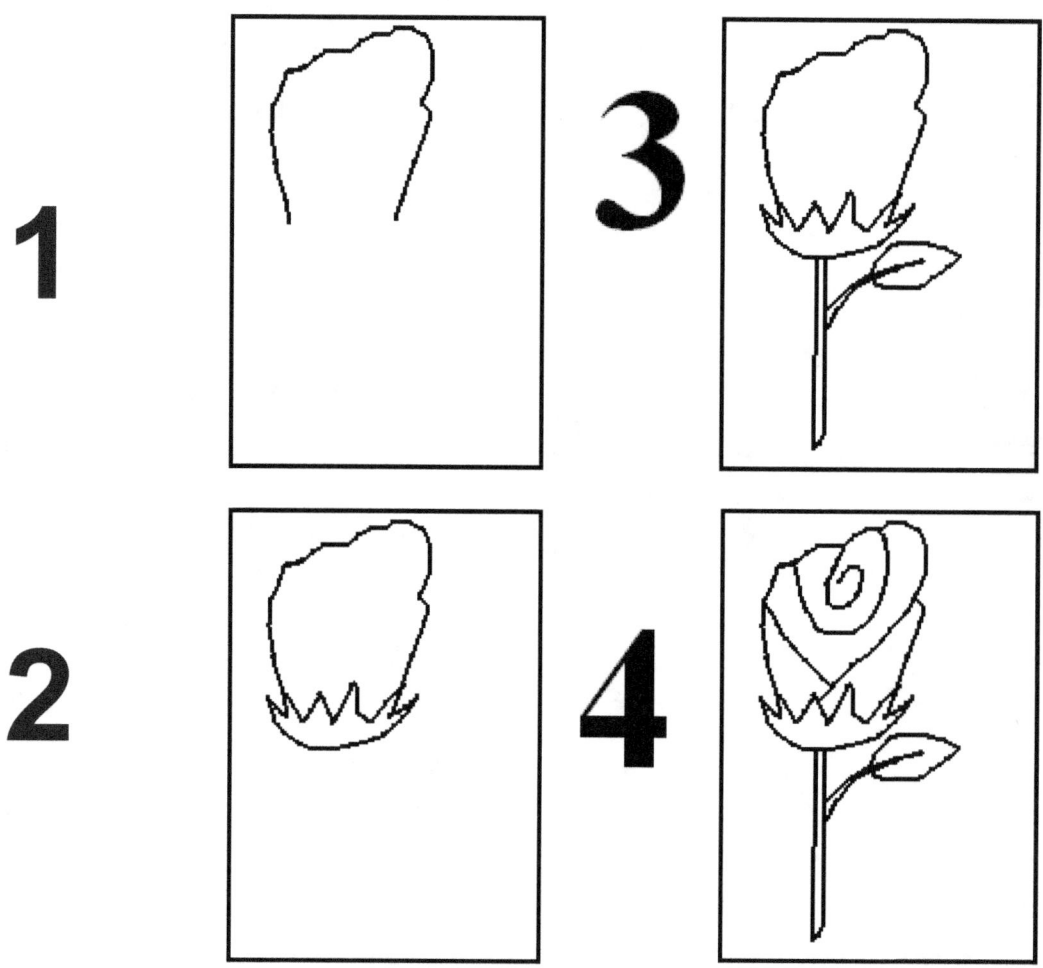

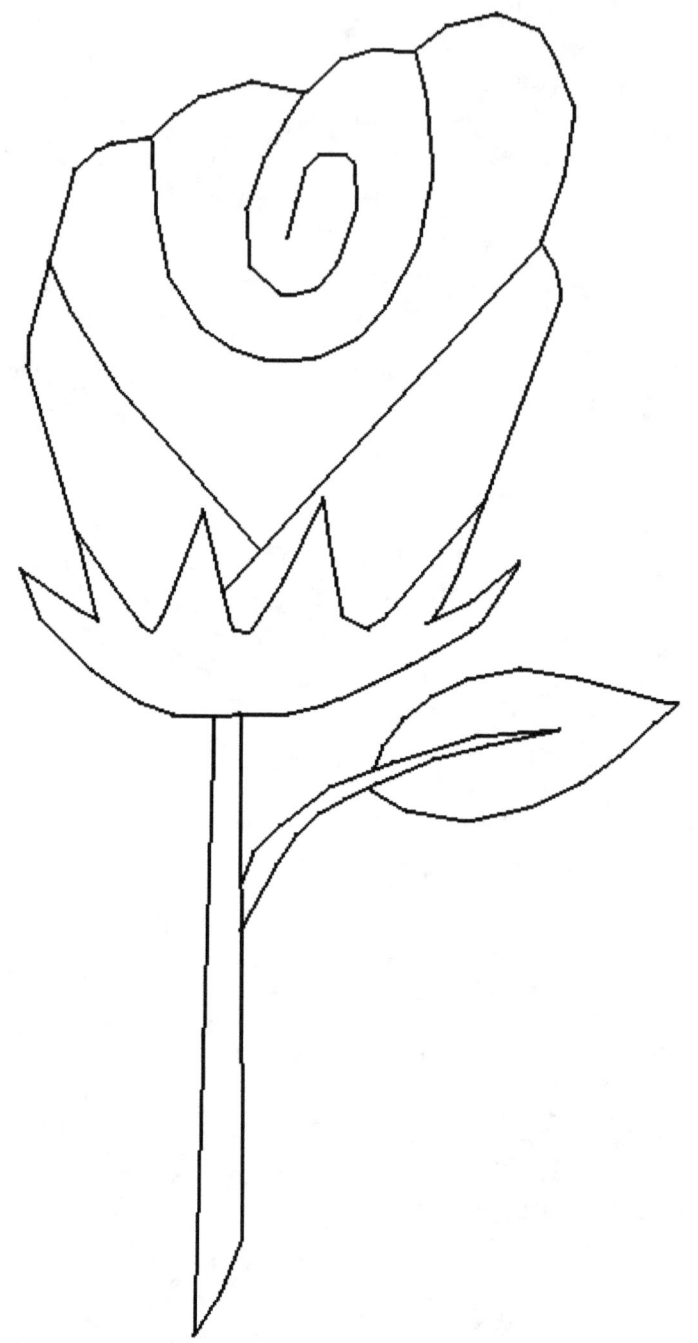

<u>Vestido</u>

Abre tu mano y trázala en el centro de la hoja, pero no traces el dedo pulgar. Voltea tu hoja con los dedos apuntando hacia abajo. Dibujaras en la parte de arriba una línea y el cuello del vestido. Le dibujas las mangas. Le dibujas el listón que lleva en la cintura. Unes los dedos con unas líneas como arcos, como lo indican las ilustraciones, finalmente si quieres dibujas el encaje y lo puedes decorar con flores, bolitas, o lo que tu quieras.

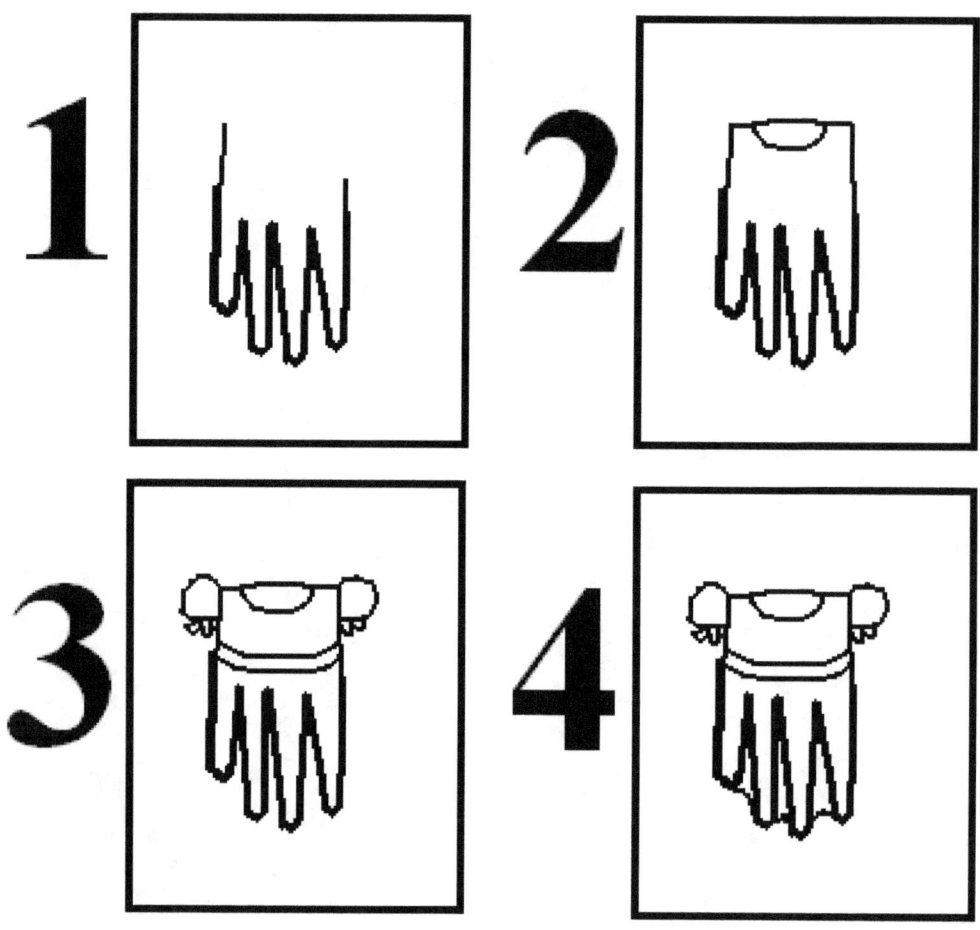

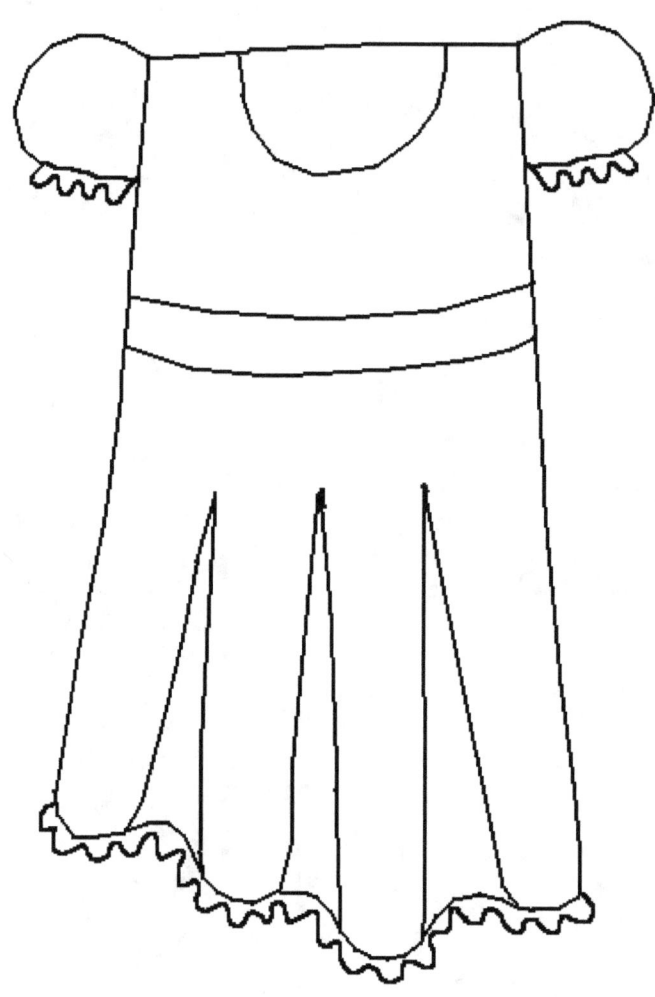

Tortuga

Pones tu mano en posición que parezca que señalas algo con el pulgar, en esta forma trazas tu mano. Cierras el dibujo de mano con una línea un poco curveada. El pulgar es la cabeza de la tortuga, dibújale un ojo, y boca. Ahora dibujas una línea desde donde comienza el dedo pulgar hasta llegar a donde termina la mano, y haces otra línea arriba de ella. Ahora vas a dividir el cuello y el cuerpo de la tortuga con una línea curveada, y vas a hacer más líneas curveadas hasta llegar al final. Ya nada mas faltan las patas y la cola.

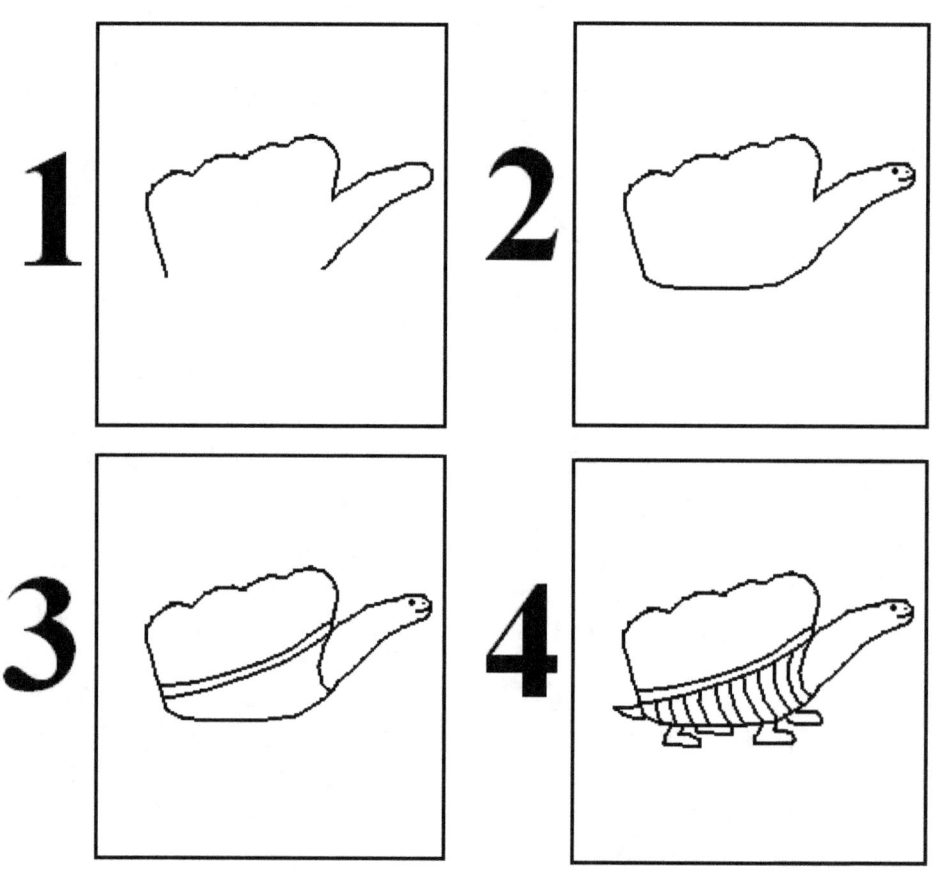

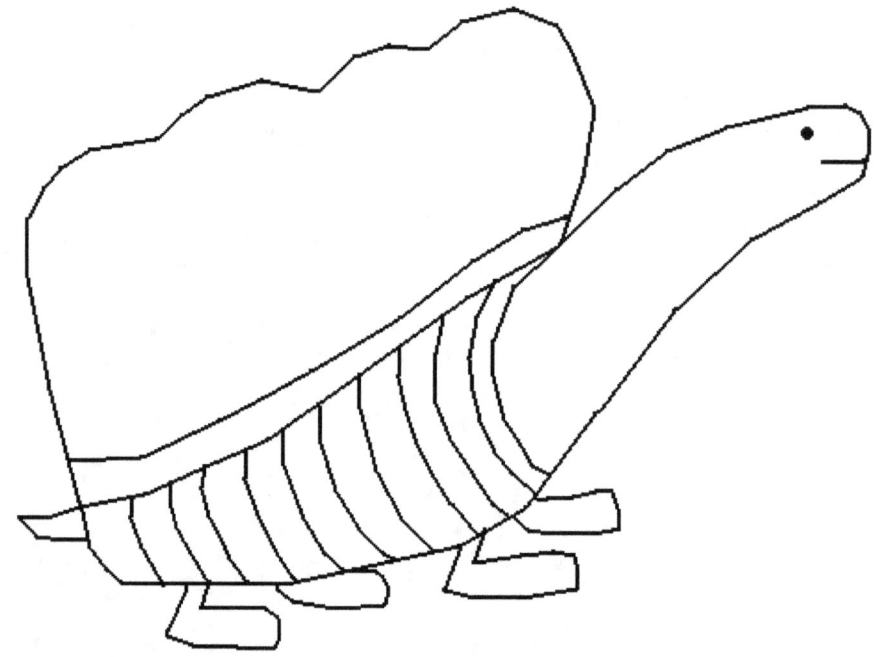

Caracol

Pones tu mano en la posición que parece que señalas algo con el pulgar y la trazas sobre la hoja. El dedo pulgar va a ser la cabeza del caracol, hay que dibujarle un ojo, boca y antenas. Harás una línea curveada desde donde comienza el pulgar hasta donde termina la mano, (para que sea el caparazón del caracol), luego dibujas otra línea igual un poco más arriba de esa. Al caparazón le dibujas un remolino, y finalmente cierras la mano dejándole una cola al caracol.

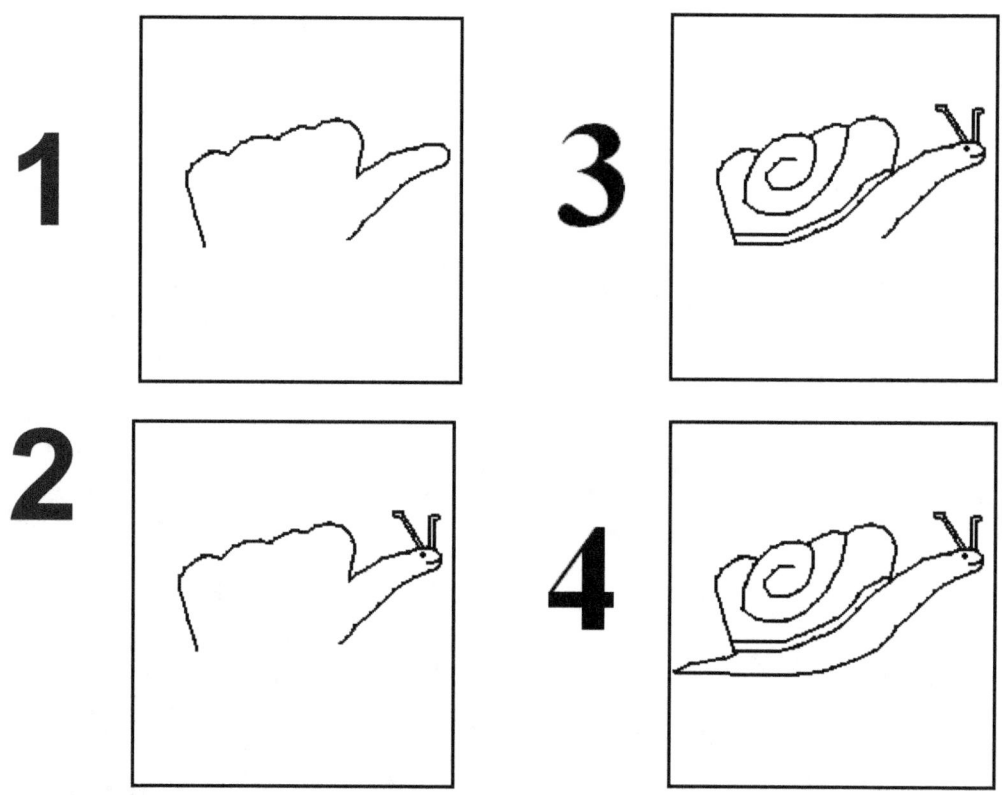

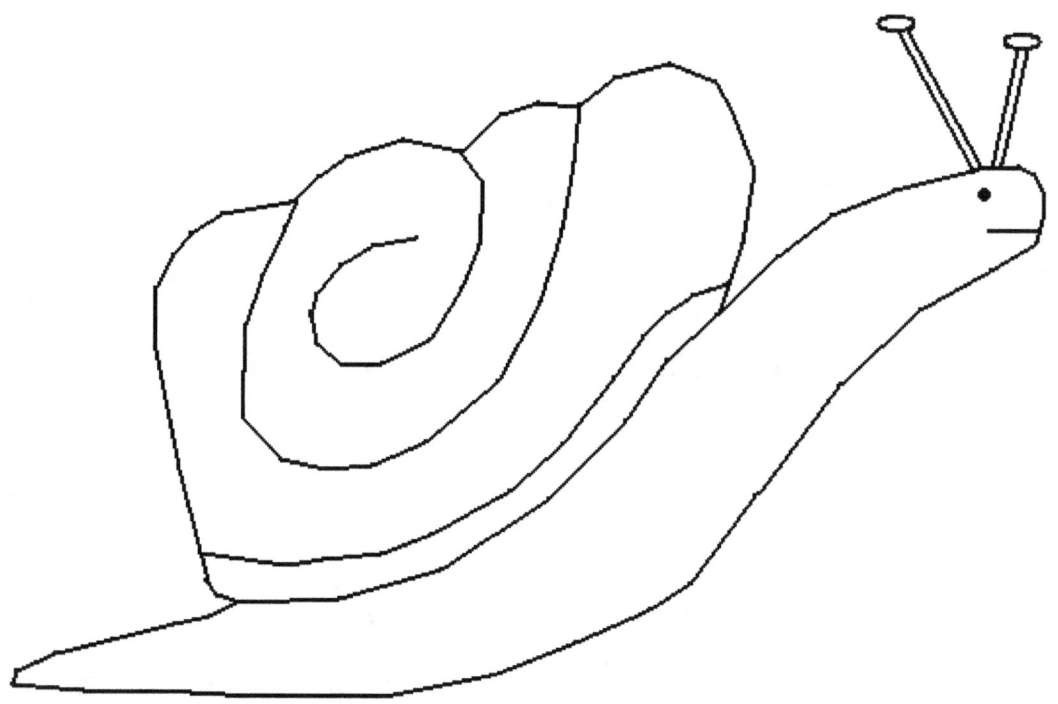

Una Gordita

Que tus cuatro dedos queden juntos y el pulgar quede un poco separado, así trazas tu mano en la parte superior de la hoja. Ahora voltea la hoja, de manera que los dedos queden hacia abajo. Desde el dedo meñique hasta el dedo índice haz una línea casi recta. El dedo medio y el dedo anular son los pies, sepáralos mediante una línea. El dedo pulgar es un brazo, dibuja la línea donde termina la manga y donde comienza el pulgar, haz que tome la forma de brazo continuando una línea hacia arriba. Luego del otro lado, procuras hacer otra línea igual, para que ya se vea como un cuerpo con brazos. Es hora de dibujar la cabeza, ahora, le dibujas los hombros, sin cuello, le dibujas un par de bolas para que sean los cachetes, encima una rueda para que sea la parte superior de la cabeza. Le dibujas la barbilla y el cuello del vestido. Le pones ojos, cejas y boca. Le dibujas el pelo, se lo puedes dibujar corto, o como tu quieras. Finalmente le dibujas los senos.

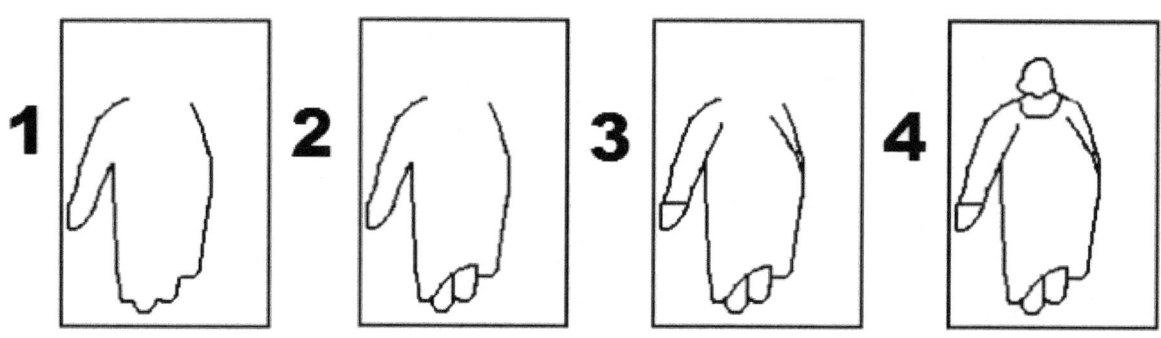

5

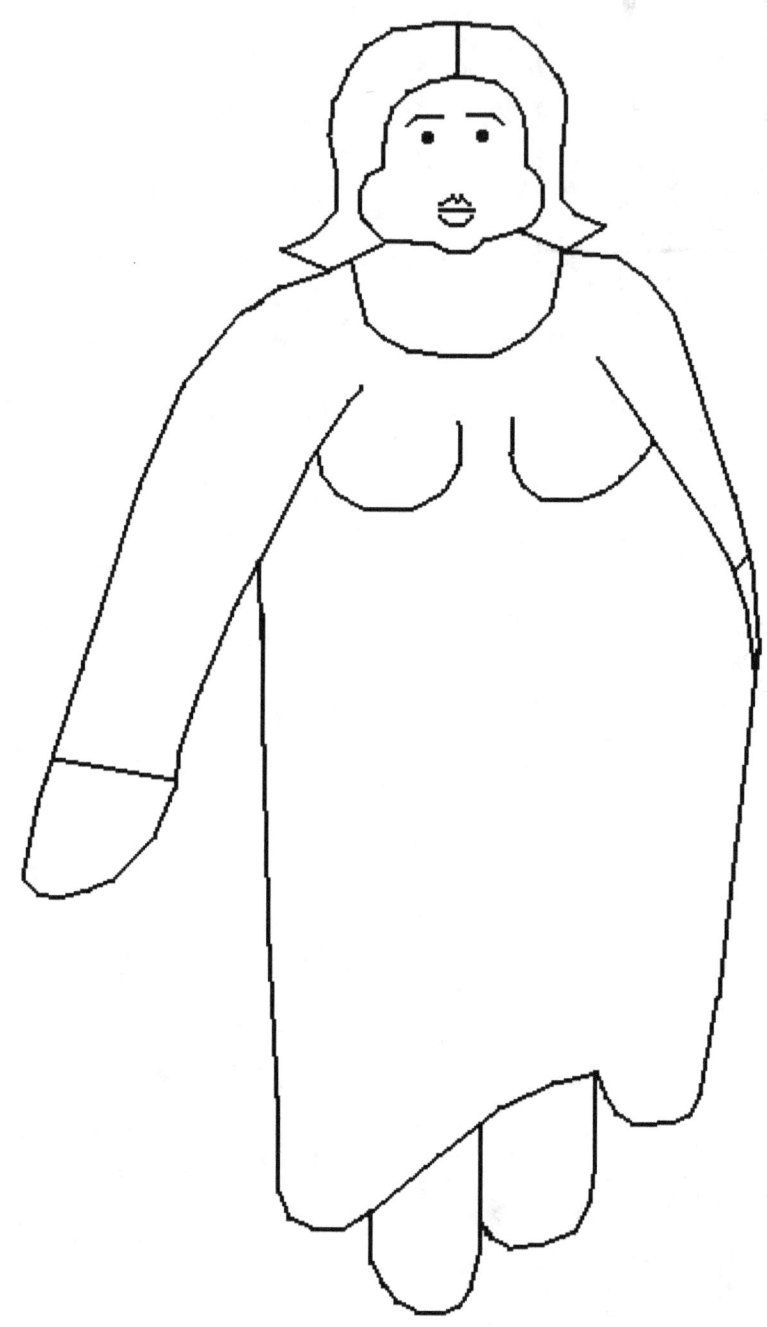

Payaso

Pones tu mano en la posición de "mano de cochinito", dejando el dedo pulgar un poco alejado, así trazas tu mano en la parte superior de la hoja. Volteas tu hoja al revés. El dedo medio y el anular son los pies del payaso, y el dedo índice y meñique, indican donde termina el pantalón del payaso, entonces dibujas un par de líneas que hagan ver ese detalle. El dedo pulgar es un brazo del payaso, dibuja la manga. Del otro lado dibujas una línea para separar el otro brazo del cuerpo y dibujas la otra manga. Ahora dibujas la arandela del cuello del traje de payaso, sobre la cual, vas a dibujar un circulo que será la cabeza del payaso. Le dibujas el pelo. Adentro del círculo vas a dibujar la cara del payaso; dibujas dos triángulo y adentro dos puntitos (los ojos), encima de los ojos las cejas, una nariz redonda, y una boca sonriente con maquillaje de payaso. Vas a hacer una línea que divida el traje por la mitad, en una de las mitades puedes dibujar bolitas, o alguna otra cosa que se te ocurra. Por último, le dibujas unos globos en la mano al payaso.

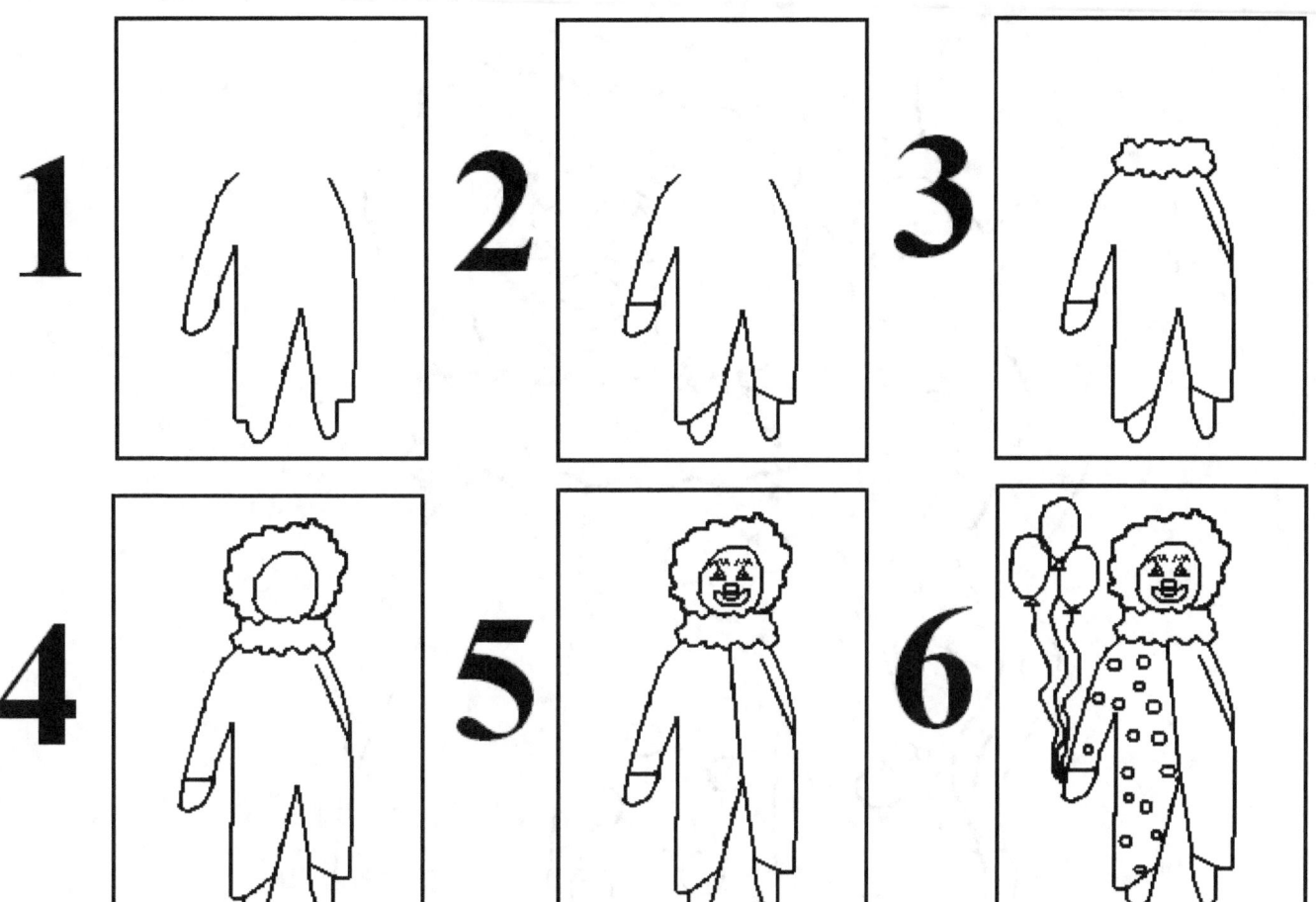

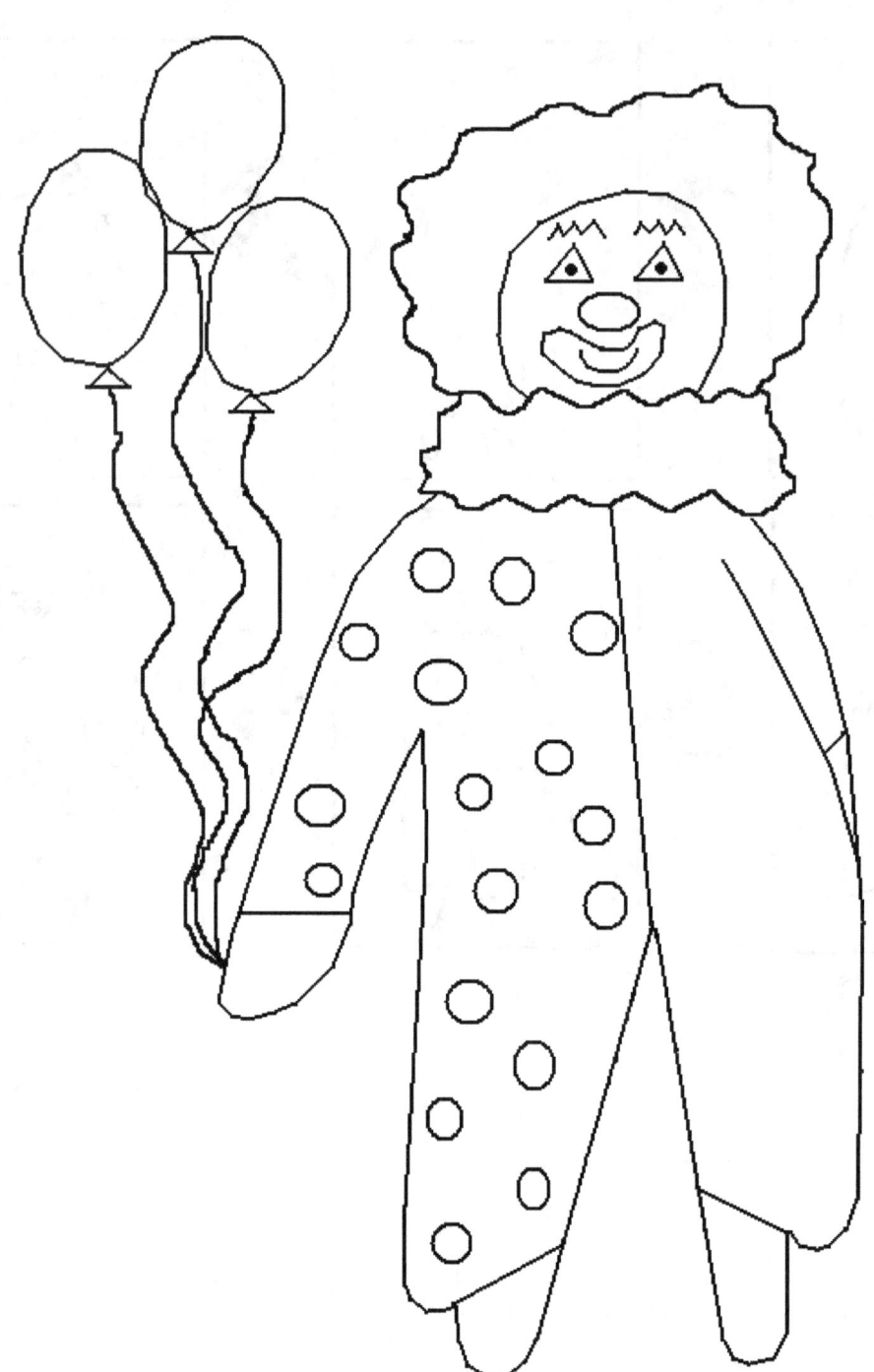

Camello

Pones tu mano en la posición que parece que estas señalando algo con el pulgar, en esta posición trazas tu mano en el centro de la hoja. El pulgar va a ser la cabeza del camello, le dibujas el hocico, un ojo, una oreja y el pelo. Donde empieza tu mano, es decir abajo en la muñeca, vas a dibujar las patas del camello como lo indican las ilustraciones y la panza. Finalmente dibujas la cola.

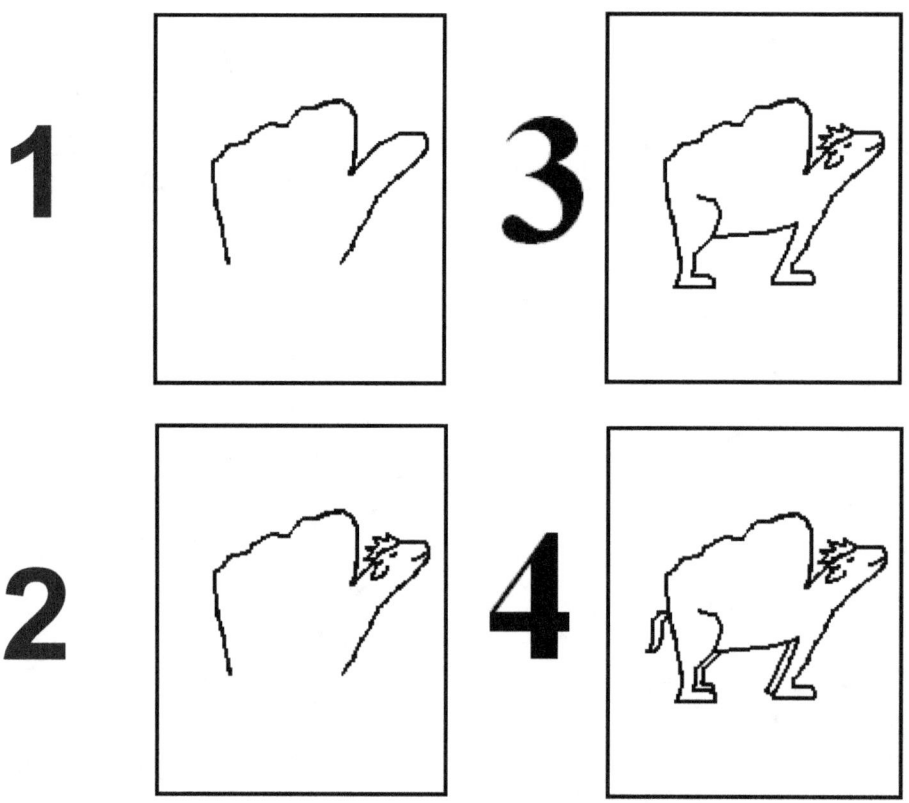

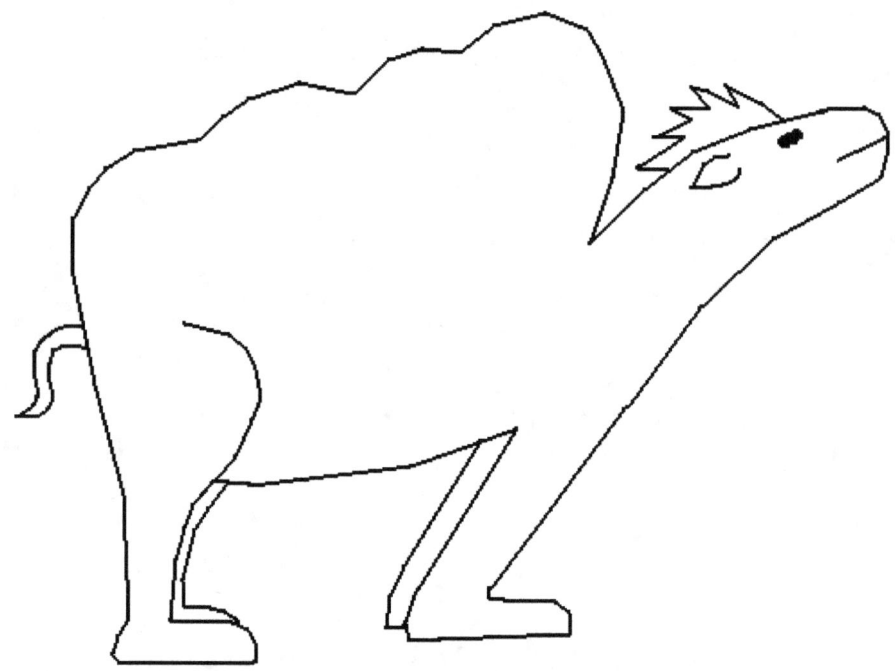

Bruja

Vas a poner todos tus dedos bien juntos y trazar tu mano en la parte superior de una hoja. Volteas la hoja al revés. Vas a dibujar el sombrero de bruja como lo indican las ilustraciones. Donde comienza el dedo anular vas a dibujar una línea que separe al dedo medio del dedo anular, hasta llegar arriba hasta el sombrero. Desde esa línea hasta el dedo meñique va a ser el pelo de la bruja, entonces le dibujas muchas rayas. El dedo pulgar va a ser la nariz, dibujas una línea como lo indica el número cuatro de las ilustraciones. Dibujas un ojo, una ceja, la boca, donde está la punta del dedo índice haces una línea que se tope con el pelo y dibujas una verruga.

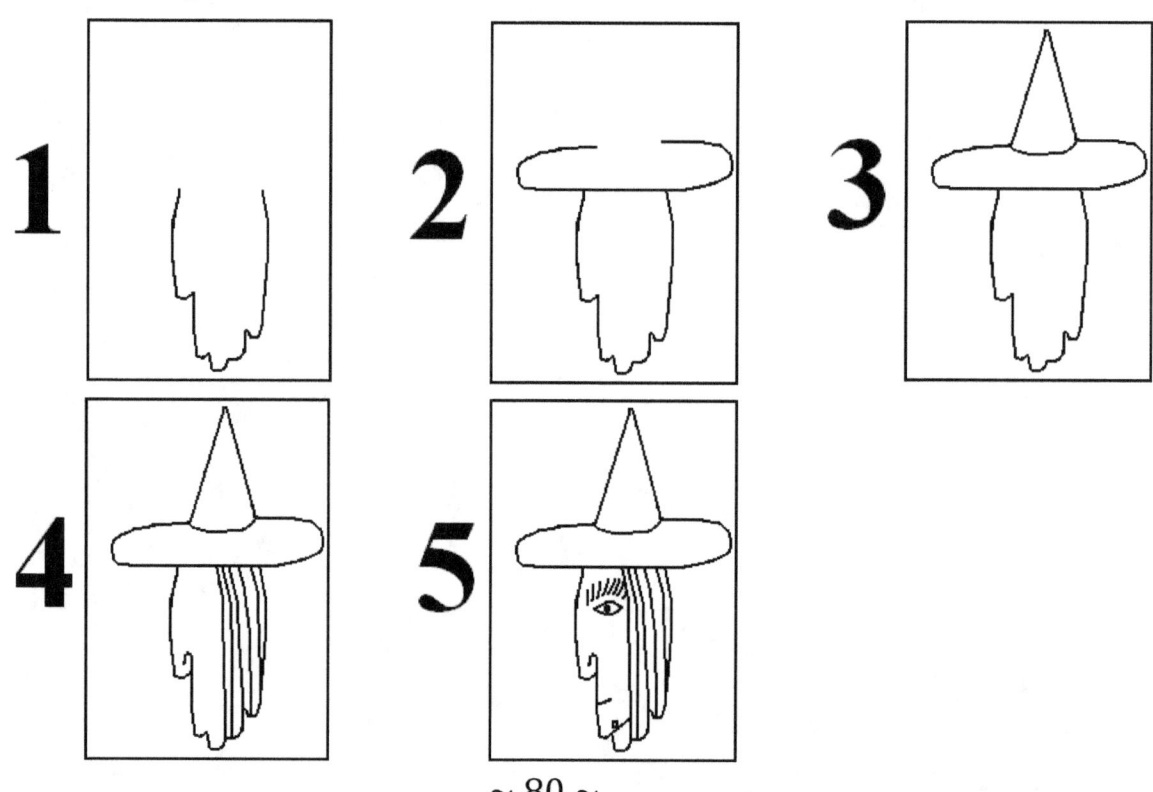

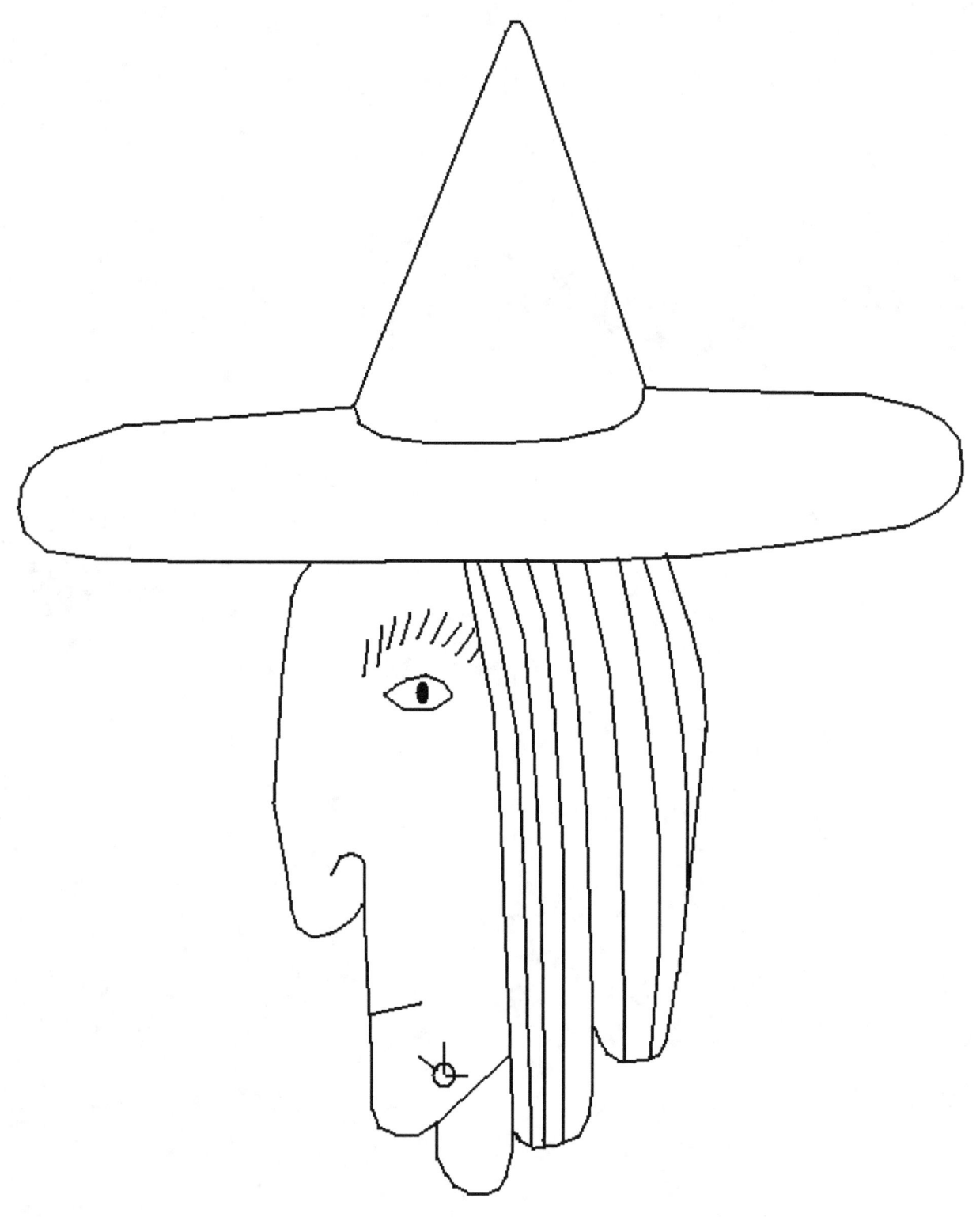

Hemos llegado al final de este libro, pero el método de hacer dibujos usando la forma de las manos no tiene fin. Espero que te hayas entretenido y que hayas aprendido algo nuevo.

Nos vemos en "<u>Dibuja Usando La Forma De Tus Manos Vol. 3</u>".

<u>Cuida El Agua</u>

*No tires basura a ríos, lagos y playas.

*Cuando te bañes, ciérrale al agua mientras te enjabonas.

*Cuando te laves los dientes, ciérrale a la llave mientras te cepillas.

*Cuando laves trastes, cierra el agua mientras los enjabonas.

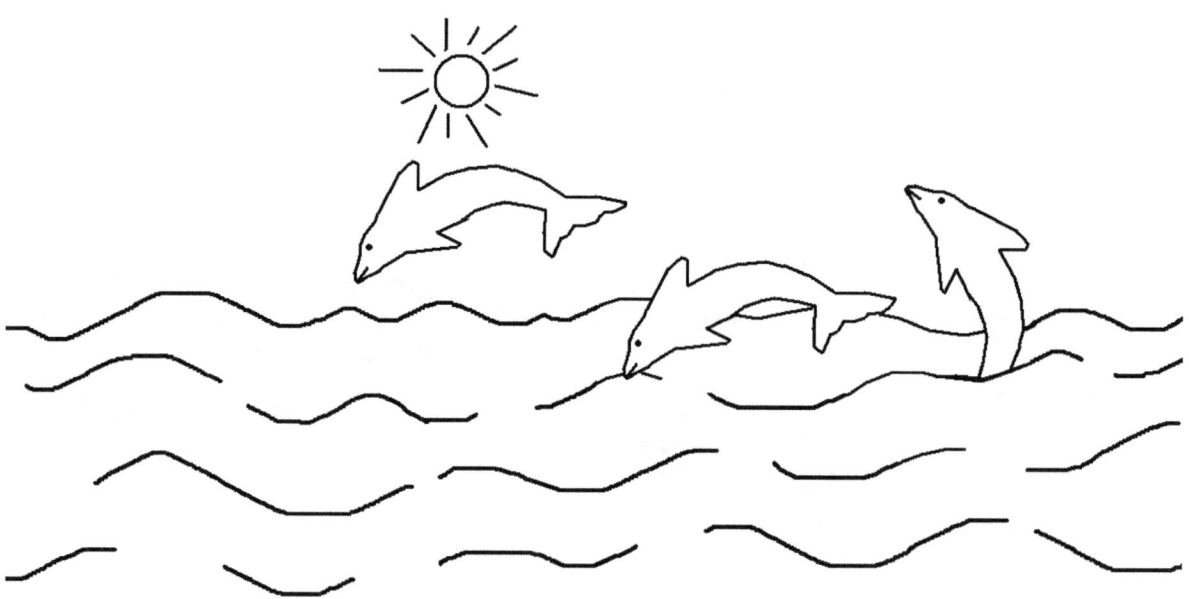

<u>Recuerda:</u> El agua es de todos, y entre todos hay que cuidarla.

Índice

www.ingramcontent.com/pod-product-compliance
Lightning Source LLC
Chambersburg PA
CBHW081213170526
45165CB00009B/2807